크라우드 커피 로스터스　　　　　빈프로젝트 커피 로스터스　　　　　바스크

딥블루레이크　　　　　　　　　　　펠트　　　　　　　　　　　　　———

그린마일　　　　　　　　　BARISTA　　　　　　　　무슈부부 커피 스탠드

———　　　　　　　　　　　　카페톤　　　　　　　　　아이덴티티 커피 랩

써밋컬쳐　　　　　　　　　　　　　메쉬　　　　　　　　　　　　　　탄스

크라우드 커피 로스터스   빈프로젝트 커피 로스터스   바스크

덤블루레이크   펠트

그린마일   무슈부부 커피 스탠드

카페톤   아이덴티티 커피 랩

써밋컬처   메쉬   탄스

바리스타의 삶,

바리스타의 레시피

made by
BARISTA

글
오승해

미호

Prologue

_____

#01

카페에 누군가와 함께 갈 때면 상대방은 종종 어떤 커피를 좋아하냐고 묻는다. 식후라면 입안의 강한 향신료를 없애기 위해 우유가 들어간 플랫화이트라고 대답하고 식전이라면 커피의 향과 맛을 오롯이 즐길 수 있는 드립커피를 이야기할 것이다.

디저트가 먹고 싶으면 아이스 아메리카노라고 할 것이고 빵과 함께라면 콜드브루 라떼를 주문할 것이다. 이렇게 커피는 상황과 기분에 따라 선택할 수 있는데, 차분하게 글을 쓰고 있는 지금 이 순간에 내가 선택한 커피는 알코올이 들어간 칵테일 커피.

커피 리큐어에 에스프레소, 그리고 크림이 올라가 있어 차갑고 알싸하면서 목으로 넘어가는 느낌이 화끈하다. 커피가 이렇게 점점 다양해지고 있음에 감사하며 좋은 음악과 함께할 수 있으니 소소하지만 확실한 행복은 바로 이런 게 아닐까 싶다.

02

중학교 때부터 커피를 마셨으니까 커피와 함께한 시간만 대략 30년이 넘었다. 당시엔 잠을 쫓아내기 위한 카페인 섭취를 위해, 이후 대학교에선 종이컵에 담긴 믹스커피의 향이 그냥 좋아서, 스타벅스를 만나면서부터는 생소하지만 뭔가 브랜드에 대한 궁금증과 호기심으로 마셨던 것 같다. 그렇게 커피에 대한 별다른 애정 없이 나는 호주로 떠났었다. 2005년 겨울이다. 멜버른에서 학교를 다녔는데 파트타이머로 일을 찾아야 해서 항상 지역 신문을 보게 되었다. 흥미롭게도 구인구직 페이지에는 언제나 바리스타를 구한다는 광고가 있었고, 선데이 매거진에는 도시의 신상 카페들이 멋지게 소개되었다. 마침 다니던 학교 근처에 BBB라는 카페가 있어 아침마다 잠을 깨기 위해 거의 매일 커피를 마셨는데, 알고 보니 커피마니아들의 성지였다. 그곳에서 처음으로 커피의 맛과 향에 빠져들었다.

많은 사람들이 커피에 빠질 때 브루잉 커피에서 꽃과 과일 향을 맡았다지만, 난 에스프레소의 깊이와 우유의 밸런스에 매료되어 커피를 사랑하게 된 케이스. 아이스 라떼에 아이스크림이 풍덩 빠져 있는 것도 좋았고, 플랫화이트란 메뉴도 생소했지만 라떼보다 맛있었다. 에스프레소도, 모카도, 카푸치노도 말이다.

03

누군가와 약속을 할 때마다 이왕이면 멋진 카페에서 만나려고 한다. 멋진 카페의 기준을 나름 정하자면 무엇보다 커피일 것이다. 플랫화이트로 판단하는 탓에 어딜 가나 따뜻한 플랫화이트 혹은 라떼를 마신다. 우유를 잘 다룰 줄 아는 바리스타가 진정한 바리스타라고 생각하기 때문인데, 요즘엔 핸드드립이 훌륭한 곳을 찾는 이들이 많아지는 것 같다. 커피에 푹 빠진 호주에서 나는 단 한 번도 핸드드립을 마시지 않았다. 아니 그 어느 카페에서도 이 메뉴를 본 기억이 없다. 언제나 플랫화이트 아니면 아이스크림이 풍덩 빠진 달콤하고 고소한 아이스라떼가 여름과 겨울을 책임져준 음료였기에 어쩌면 별다른 니즈가 없었다고 해야 할까? 그래서 솔직히 간혹 모카나 핫초콜릿을 제외하면 다른 커피 메뉴에 대한 갈망이 거의 없었다. 오히려 한국에 들어와서 알게 된 스페셜티 커피의 깊고 고혹적인 세계. 덕분에, 바리스타를 취재할 때마다 스페셜티 커피는 화두였고 로스터나 로스터리 카페에 대한 호기심이 굉장히 커져갔다. 그것이 커피만큼 깊고 진한 바리스타의 라이프스토리가 더욱 궁금해진 이유였다.

04

사실 한 잔의 커피가 내 앞에 놓이기까지 많은 사람의 손을 거친다는 것은 많은 사람들이 알게 된 것 같다. 식당의 요리사가 중요한 식당처럼 카페의 바리스타도 중요하지만 요리사든 바리스타든 재료를 제대로 볼 줄 아는 눈과 입을 가졌느냐에 따라서 음식의 맛은 천지 차이가 될 것이다. 다만 커피가 다른 음식재료보다 다루기 쉬운 점이라면 생두라는 재료 하나를 가져와 볶은 뒤 바로 추출해서 마실 수 있다는 것과 열로 잘 볶기만 하면 맛있는 커피를 마실 수 있다는 과정의 간결함이랄까. 그럼에도 커피 역시 음식이라 환경에 의해 끊임없이 변화한다. 이 변수들을 알고 원하는 맛이 나도록 볶아야 하는 로스터의 역할이 그래서 중요하고 일반적으로 바리스타 보다 기술적으로 더 많이 알아야 하는 직업임은 틀림 없다. 그래서 요즘엔 로스터와 바리스타를 동시에 하고 있는 이들도 많다. 주로 작은 로스터리 카페들로, 규모가 커지면 하나의 일만으로도 벅차기 때문에 작업은 자연스럽게 분리된다. 따라서 『메이드 바이 바리스타』의 바리스타는 우리가 흔히 카페에서 보는 바리스타만을 뜻하지는 않는다. 개성 넘치는 바리스타를 찾아 그들이 추구하는 커피를 제조하는 카페들 위주로 소개할 예정이다. 모쪼록 이 책에 담긴 12명의 바리스타와 로스터, 혹은 로스터이자 바리스타들이 전하는 갖가지 커피 향들이 오롯이 전해지기를 바라는 마음이다.
마지막까지 향긋한 커피와 함께하길 기원한다.

오 승 해

프롤로그 · 4

01 딥블루레이크
──────────────── 이철원 바리스타

Barista · 16
Coffee · 18
Café · 21
Behind Story · 24
Barista's Recipes 플랫화이트 · 26
　　　　　　　　　드립커피 · 28

The Question Coffee Beans · 30

Writer's Comments · 31

02 아이덴티티 커피 랩
──────────────── 윤원균·염선영 바리스타

Barista & Pâtissier · 36
Coffee & Dessert · 39
Café · 41
Behind Story · 42
Barista's Recipes 브루잉 커피 · 44
　　　　　　　　　스트로베리 마스카르포네 무스 · 46

The Question Home Café · 48

Writer's Comments · 49

03 바스크
──────────────── 백관호·이지영 바리스타

Barista · 54
Coffee · 56
Café · 58
Behind Story · 60
Barista's Recipes 바스크 브루잉 · 62
　　　　　　　　　비엔나 커피 · 64

The Question Costomer Manners · 66

Writer's Comments · 67

04 빈프로젝트 커피 로스터스
———————————— 장현우 바리스타

Barista · 73
Coffee · 74
Café · 77
Behind Story · 78
Barista's Recipes 카페라떼 · 80
　　　　　　　　빈프로젝트 스타일 필터커피 · 82
The Question `Tasty Coffee` · 84
Writer's Comments · 85

05 그린마일
———————————— 최창해 바리스타

Barista · 90
Coffee · 93
Café · 95
Behind Story · 96
Barista's Recipes 코코넛 라떼 · 98
　　　　　　　　방콕 소다 · 100
The Question `Coffee farm` · 102
Writer's Comments · 103

06 크라우드 커피 로스터스
———————————— 김태원 바리스타

Barista · 108
Coffee · 110
Café · 113
Behind Story · 115
Barista's Recipes 쇼콜라 카푸치노 · 116
　　　　　　　　케멕스 드립커피 · 118
The Question `Specialty Coffee` · 120
Writer's Comments · 121

07 카페톤

———————————————— 김주현 바리스타

Barista & Dessert maker · 126
Coffee & Dessert · 128
Café · 131
Behind Story · 132
Barista's Recipes 애프터 · 134
　　　　　　　　　너츠 크랜베리 스콘 · 136

The Question `Desserts` · 138

Writer's Comments · 139

08 펠트

———————————————— 김영현·송대웅 바리스타

Barista · 144
Coffee · 147
Café · 150
Behind Story · 151
Barista's Recipes 에스프레소 · 152
　　　　　　　　　라떼 · 154

The Question `Communication` · 156

Writer's Comments · 157

09 메쉬

———————————————— 김기훈·김현섭 바리스타

Barista · 162
Coffee · 164
Café · 167
Behind Story · 168
Barista's Recipes 홀리데이 모카 · 170
　　　　　　　　　카페 봉봉 · 172

The Question `Coffee Community` · 174

Writer's Comments · 175

10 롼스

———————————— 김필훈·배만준 바리스타

Barista · 180
Coffee · 183
Café · 184
Behind Story · 186
Barista's Recipes 슈거라떼 · 188
　　　　　　　　　커피젤리 · 190

The Question Music · 192
Writer's Comments · 193

11 써밋컬처

———————————— 신종철 바리스타

Barista · 198
Coffee · 200
Café · 203
Behind Story · 204
Barista's Recipes 카푸치노 · 206
　　　　　　　　　파라마운트 · 208

The Question Design · 210
Writer's Comments · 211

12 무슈부부 커피 스탠드

———————————— 권오현 바리스타

Barista · 217
Coffee · 219
Café · 221
Behind Story · 222
Barista's Recipes 아이리시 커피 · 224
　　　　　　　　　진저밀크 · 226

The Question Espresso Machine · 228
Writer's Comments · 229

에필로그 · 230

메이드 바이 바리스타

made by Barista

Deep Blue Lake

딥블루레이크

01

딥블루레이크는 그 이름처럼 짙은 파란색으로 먼저 다가왔다. 다음은 당연히 커피. 선명했던 향미 덕분에 입가에 미소가 피어 올랐던 기억이 난다. 이곳은 망원동에 있는 수많은 카페들 중 손가락에 꼽을 만큼 맛있는 라떼를 만든다. 고소하기보다는 독특한 플레이버를 느끼게 해주는 색다른 맛이었다. 가장 인상적인 요소는 오너 바리스타이자 로스터, 커피와 공간의 이미지보다 더 강렬한 이철원 바리스타였다. 안경 너머 감지되는 예리한 눈매와 시원스러운 목소리를 지닌 그가 들려주는 한국 커피 시장의 현황과 스페셜티 커피에 관한 이야기는, 듣고 있노라면 누구라도 시간 가는 줄 모르게 빠져들지 않을까 싶을 정도로 솔직하고 입담이 좋다.

딥블루레이크

이철원 바리스타

스페셜티 커피의 대중화를 위한 묵묵한 전진
커피와 카페 사이의 깊숙한 고민
명쾌하고 분명한 커피 한 잔

Barista

　　　　　　늦은 나이에 커피를 시작했다. 절실했던 이유는 정말
좋아하는 일을 찾았기 때문이었다. 남들처럼 회사 다니며 평범하게 살았던 시절에는 무엇
을 좋아하지도 모르고 그냥 살았던 것 같다고. 사실 직장인이라면 누구나 생각하는 부분

이 아닐까 싶다. 막상 회사에 들어갔지만 적성에 맞지 않아 무엇을 해야 할지 갈피를 잡지 못하는 상황들. 이철원 바리스타는 전공을 살려 한동안 출퇴근 시간이 정해져 있는 일을 했었다. 커피는 그냥 평소에 많이 좋아했던 정도였다.

그러던 어느 날, 에티오피아 예가체프 한 잔이 그의 인생을 바꿔놓았다. 늘 마시던 커피에서 느낄 수 없었던 향과 맛이 났고 이런 커피를 다른 사람들에게 알리고 싶은 간절함이 생겼다. 특별한 '인생 커피'를 경험한 뒤, 다니던 회사까지 그만두었다. 안정적인 수입을 포기할 만큼 격렬하게 반응했던 커피의 힘. 뒤늦게 적성을 찾은 만큼 이론 공부와 더불어 현장에서 기술을 터득하는 일이 필요했다.

우선 이철원 바리스타는 작은 카페에 취업해 낮에는 열심히 커피를 만들며 공부했고, 일이 끝나면 다른 카페들을 찾아다니며 커피를 마시고 카페들을 살폈다. 몸은 피곤했으나 앞으로의 생계가 달린 만큼 열심히 했다. 그러던 중 스페셜티 커피에 관해 알게 되었고 커피 리브레의 커핑과 로스팅 수업에 참석했다. 이외 CoE 커핑 세미나, 큐그레이더, 라떼 수업 등 커피와 관련된 모든 수업은 빼놓지 않고 들었다.

이철원 바리스타는 커피에 대한 애정이 눈에 보일 정도로 강력하다. 묵묵히 자신이 하고 있는 일에서 끝을 보려는 열정이 느껴지는 사람이다. 알면 알수록 커피, 그중 스페셜티 커피에 대한 그의 열정에 새삼 감탄한다. 로스팅과 생두에 있어서는 누구보다 까다롭다. 커피를 대하는 마인드와 컨셉이 분명한 그가 로스팅을 할 때 중요하게 여기는 것은 무엇일까?

"좋은 생두를 태우지 않고 제대로 익히는 것이죠. 제대로 안 하면 단맛이 안 살고 떫은 감처럼 되어버리니까요. 태우면 커피를 마신 다음 쓴맛이 입안에 남아 좋지 않은 기억을 남기게 돼요. 한 마디로, 커피는 음식이라서 조금이라도 방심하면 맛이 달라집니다. 정직한 재료로 제대로 로스팅해서 고객들에게 맛있는 커피를 내놓는 것이 저의 목표예요. 바리스타, 로스터라면 누구나 하는 그 생각이랑 똑같죠. 그렇게 되면 사람들은 커피가 가진 다채로운 맛들을 알아갈 거예요. 단순히 잠을 깨우기 위한 음료가 아닌, 더 풍부한 이야기를 가졌다는 사실을 말이죠."

이철원 바리스타는 자신이 볶은 원두와 커피에 관해 더 많은 이야기를 하고 싶어 한다. 한 잔의 커피가 그의 무미건조한 삶에 작은 희망이 된 것처럼 누군가에게 그런 커피를 제공하고 싶은 마음이다.

Coffee

　　　　　　　　　　어쩌다 보니 주로 오전 시간에 방문했던 딥블루레이크. 자주 마셨던 커피는 라떼였다. 구수하면서 우유의 부드러움이 조금 들어간 플랫화이트를 마시고 싶어 하면 이철원 바리스타는 라떼가 더 맛있다며 이를 추천해주곤 했다. 비슷한 메뉴여서 무슨 큰 차이가 있는지 물으면 그날의 원두 상태, 최종적인 맛과 수율 등의 설명을 명료하게 해주었다. 가끔 마시는 드립커피도 그의 커피 처방에 따라 마시면 '이런 맛이 있구나.' 하며 흥미롭게 마실 수 있다. 그가 가장 사랑하는 커피는 북유럽 사람들이 마시는, 부담 없고 과일처럼 상큼한 향이 나는 맑고 깨끗한 커피다.
　　이 취향 그대로 딥블루레이크에서는 '딥'과 '블루'라는 하우스블랜드를 준비했다. 딥의 경우 '깊고, 짙은'이란 부제처럼 기분 좋은 흙 내음과 묵직한 바디감을 갖고 있다. 단맛을 가진 것이 특징이다. 블루는 '푸른, 파란'이란 부제를 가졌고 과일의 향과 산미에 단맛이 조화를 이룬 블랜드. 요즘 두 가지 이상의 블랜드를 가지고 손님들에게 선호하는 맛을 물어보는 카페가 정말 많아졌는데, 이철원 바리스타 역시 카페에 오는 모든 손님들에게 좋아하는 맛을 물어본다. 그런 다음, 싱글 오리진과 딥, 블루 블랜드를 안내한 뒤 고른 메뉴에 맞는 커피를 내려준다. 예를 들어, 라떼는 블랜딩으로, 플랫화이트는 다소 가볍게 로스팅된 원두로 제조한다. 라떼와 플랫화이트가 거의 비슷한 다른 카페와 차별되는 딥블루레이크의 장점이자 특징이랄까? 결국 내가 느꼈던 색다른 맛의 플랫화이트는 이곳의 시그니처 플레이버였고, 단순히 진한 라떼가 아니었던 것이다. 여전히 이곳이 플랫화이트는 정말 특별하다.

　　　　　　카페에 오는 손님이 마치 자신의 집에 찾아오는 친구나 지인 같다는 이철원 바리스타는 집에서 손님에게 내놓는 음식처럼 정성스럽게 커피를 만든다고 했다. 그러려면 가능한 깔끔한 모습을 보이고 싶은 것이 집주인의 마음. 딥블루레이크의 인테리어가 유난히 편안하고 다정하며 아늑한 이유다. 파란색 3층 집, 아니 카페는 층마다 다른 종류의 여유로움이 존재하는데, 특히 햇살이 눈부신 날 3층에 앉아 드립커피를 마시고 있노라면 시름이나 걱정이 분명 한 아름 가량 줄어들리라 확신할 수 있다. 건물을 통으로 쓰는 덕분에 양지바른 망원동 골목의 혜택을 오롯이 받고, 노르딕 감성의 소품들이 곳곳에 놓여 있다. 유럽 벼룩시장에서 구매한 거울과 신혼여행에서 사 온 물건들, 그리고 도예를 전공한 그의 아내 정현 씨가 구운 도자기 접시들이 눈길을 끈다.

　　아내는 그가 커피를 시작한다고 직장을 그만둔다고 할 때부터 줄곧 그의 든든한 어깨가 되어주고 있다. 자신의 커피 사업을 도와주느라, 딸의 뒷바라지를 하느라 언제나 고맙고 미안하다는 이철원 바리스타. 디자인에 일가견이 있을 뿐만 아니라 일러스트에도 소질이 다분히 넘치는 그녀는 딥블루레이크의 모든 그래픽 디자인을 담당하고 있으며, 잡지 커버에도 자신의 재능을 발휘하고 있다.

개인적으로 좋아하는 공간은 2층 한쪽인데, 그곳에 놓인 커다란 테이블과 램프, 그리고 창문 너머로 보이는 전경이 이상하게 마음을 편안하게 해주기 때문이다. 한편 이철원 바리스타가 만난 손님 중 가장 기억에 남는 사람은 박찬욱 감독. 우연하게 한 번 방문했다가 이후에 가족들과 함께 다시 와주어서 감사했다고. 여기까지 들으면 비교적 무난히 카페를 운영하는 것 같지만, 실은 하루하루가 위기라고 생각한다. 일주일에 직원 4명 중 3명이 그만둔다고 했을 때는 앞날이 막막했다. 다행히 자신을 되돌아보는 계기가 되었고 앞만 보고 달린 그를 잠시 세워준 기회로 받아들였다. 반대로 가장 행복할 때는, 커피 만드는 모든 사람을 미소 짓게 만드는 한 마디 "커피 맛있어요."란 피드백을 받았을 때다. 거짓 없는 한 잔을 만들기 위한 노력이 헛되지 않은 그 순간.

Behind Story

#1
페이스북을 통해 자신의 근황을 자주 올리는 이철원 바리스타는 커피에 대한 자신의 생각을 꾸준히 피력하고 있다. 이 밖에도 맛있는 식당 정보가 한가득. 홍대에서 젊은 시절을 보냈고 망원동에서 사업을 3년 넘게 하고 있기에 그의 맛집 가이드는 나름 설득력이 있다. 그가 맛있다고 한 가게는 실망시킨 적이 거의 없을 정도. 비싼 집은 가지 않는다면서, 올리는 식당은 적절한 가격에 맛이 좋고 주인장이 친절한 곳이란다. 머지않아 그가 소개하는 밥집 투어를 적극적으로 해볼 작정이다.

#2
드립백이 정말 훌륭하기로 소문난 딥블루레이크. CoE 등급 82점 이상의 최상급 생두를 날씨에 따라 조정해가며 북유럽식 약배전으로 잘 볶은 커피를 진공 포장하니 그럴 만도 하다. 신선함을 잡고 맛과 향도 고스란히 담아내, 집이나 회사에서 즐기기 편리하다. 선물하기에도 제격인데, 이철원 바리스타의 아내가 디자인한 패키지가 참 예쁘다.

플랫 화이트
FLAT WHITE

Barista's Recipes

재료   원두 18~19g (커피 종류에 따라 달라짐) / 스팀 우유

1. 원두를 그라인딩 하여 23~28초 사이로 추출한다. 참고로 이렇게 하면 추출 수율은 19~22%가 되며 에스프레소 추출량은 42~44g 이 된다.
2. 글래스에 스팀 우유를 5~10ml 정도 부어 완성한다.

Barista's Recipes

재료　원두 20g (커피 종류에 따라 달라짐) / 물 320g

1 추출 시간 2분 30초 전후로 내린다. 이때 물의 온도는 93°C로 맞춘다. 참고로 이렇게 하면 추출 수율은 17~21%가 된다.

The Question

Coffee Beans

좋은 생두란 어떤 것일까?
신선해야 한다. 1년이 안 된 원재료로 지푸라기나 나무 맛이 나지 않는 것을 말하며 동시에 좋은 향을 갖고 있어야 한다.

커피 농장에서 한 잔의 커피가 되는 과정을 설명해준다면?
커피나무에서 꽃이 피고 지면 그 자리에 체리가 열린다. 다 자란 체리 안에는 생두가 되는 열매가 있는데, 과육과 생두 사이에는 점액질이 있어 이를 벗겨내기 위한 여러 가지 가공 방법이 적용된다. 방식에 따라 맛이 정해지며 이를 벗겨내면 파치먼트라는 껍질이 나오고, 이것까지 제거해야 로스팅을 할 수 있는 생두가 얻어진다. 생두는 적정한 수분이 있어야 보관을 오래 할 수 있다. 잘 보관된 생두가 로스터에게 오고 로스터는 원하는 플레이버가 나오도록 볶아 바리스타에게 준다. 바리스타가 손님이 원하는 메뉴를 받아 추출하면 비로소, 한 잔의 커피가 완성이 된다.

원두는 보통 100g 혹은 200g으로 포장해 판매한다. 특별한 이유가 있는지?
파운드 단위를 쓰는 외국에서는 340g 단위로 판매한다. 그 이유는 한 잔의 커피를 내리기 위한 커피양을 20g으로 잡기 때문이다. 20g을 기준으로 셈을 해서 약 열흘에서 2주 동안 마실 수 있는 양을 넣는다. 1kg 같은 대용량의 커피는 회사에서 많은 사람들이 한꺼번에 소비할 때 구매하면 적정하다.

Writer's Comments

스칸디나비아, 북유럽, 노르딕. 모두 동일하게 받아들일 수 있는 부분은 과일의 산미가 강하게 느껴지는 약배전일 것이다. 딥블루레이크에서는 약배전과 뒷맛이 달고 고소한 맛을 내는 중배전으로 균형을 이룬 맛을 선호한다. 산미는 강요되는 맛이 아니므로 비록 가볍게 볶는다고 해도 대중적인 맛을 배제하지는 않고 있다. 따라서 이곳에서 커피를 마신다면 앞서 말한 대로 이철원 바리스타나 직원들에게 원두 설명을 듣고 선택하는 것이 가장 맛있는 커피를 마실 수 있는 방법일 것이다.

커피에 대한 무한 애정과 믿음을 가진 로스터가 작업하는 원두가 딥블루레이크의 가장 큰 장점이라고 생각한다. 기교 없이, 정석대로 스스로에게 부끄럽지 않은 오너가 만드는 모든 음식이라면 적어도 의심 없이, 믿고 마실 수 있으니 말이다.

Info
- 서울 마포구 포은로6길 11
- 02-323-8532 • 11:00~21:30 • 연중무휴
- INSTA @deepbluelakecoffee

메이드 바이
바리스타

made by
Barista

아이덴티티 커피 랩

Identity Coffee Lab

02

아주 가끔, 만약 내가 사랑하는 사람과 함께 카페를 운영한다면 얼마나 행복할까, 하는 상상을 하곤 한다. 마냥 기쁘지만은 않겠지만 적어도 좋아하는 커피와 디저트, 음악과 책은 언제나 내 곁에 있을 거란 확신이 들기 때문에 나중에 헤어지더라도 그것들만은 놓치지 말자는 생각까지 이어진다. 아이덴티티 커피 랩의 윤원균, 염선영 바리스타를 보면 나의 꿈이 어쩌면 현실이 될 수도 있겠다 싶은 희망이 밀려온다. 에스프레소 머신 없이 핸드드립만으로 서비스하는 카페를 찾다가 발견한 이곳. 시간이 흘러 커피 고수들이 추천하는 카페로도 더욱 호감을 갖게 된 아이덴티티 커피 랩의 커플은 분명한 하나의 목표를 위해 명민하게 일하고 있었다.

아이덴티티 커피 랩

윤원균 · 염선영 바리스타

명확한 정체성을 위한 커피 랩
스페셜티 커피의 긍정적인 브루잉 공간
젊은 커플의 현명한 카페 운영

Barista & Pâtissier

　　　　　　카페에는 바리스타만이 아닌 로스터도 있을 수 있다. 아이덴티티의 윤원균 바리스타는 로스터에 더욱 가까운 포지션을 맡고 있다. 평일에는 주로 납품을 위해 다른 곳에서 로스팅을 하고 주말에는 여자친구 염선영 바리스타와 함께 바리스타로서 손님을 위해 커피를 내린다. 자동차 설계 관련 일을 했던 그는 하루의 대부분을 컴퓨터 앞에 앉아 있었다고 했다. 점점 삶의 무게가 버거워지고 회의감이 밀려오면서 더 늦기 전에 자신이 하고 싶은 일을 찾기로 한 순간, 커피가 떠올랐다. 핸드밀로 커피를 갈고 내려 마시며 업무 스트레스를 풀었던 그가 찾은 유일한 해답이었다. 심지어 직장 상사로부터 커피 가는 소리가 거슬린다며 심한 꾸지람을 들으면서도 묵묵히 커피를 갈아 마시던 웃기고 슬픈 현실의 주인공이었다. 그 전만 해도 자신이 그렇게까지 커피를 좋아하는지 몰랐었다는 윤원균 바리스타는 2014년 마침내 사표를 내고 본격적으로 커피를 공

36

부하고 배우기 시작했다. 시간이 흐르면서 스페셜티 커피와 로스팅의 매력에 스며들었고 자신이 느꼈던 스페셜티 커피에 대한 임팩트와 감명을 공유하고 싶어졌다. 이후, 로스터 머신 제조회사에 취업해 엔지니어로서 새로운 분야에 깊이 빠졌고, 생두 사업에도 눈을 뜬 그는 단순히 카페에서 커피를 내리는 일보다 더 큰 그림을 그려나가고 있다.

한편 윤원균 바리스타의 든든한 오른팔이자 사랑하는 여자친구 염선영 바리스타 역시 평범한 직장인이었다. 다만 커피는 입에 대지도 않았다는 그녀. 커피는 쓰고 맛없다는 일반적인 선입견 때문이었단다. 아이러니한 건, 이런 이유로 커피를 싫어했음에도 다녔던 직장은 커피 프랜차이즈 회사나 로스터 머신 제조회사였다니. 운 좋게 그곳에서 지금의 남자친구를 만났고, 에티오피아 커피를 마신 뒤에는 커피에 대한 편견까지 깨지며 전과 달리 커피를 좋아하게 되었다. 더욱 놀라운 사실은 아이덴티티의 맛있는 디저트는 오롯이 그녀의 손에서 탄생하는데도 정작 디저트에 완전히 매료되지는 않았다고. 카페 운영과 손님을 위한 서비스 개념에서 선택적으로 하고 있을 뿐이라고 설명했다. 그러나 기본적으로 염선영 바리스타는 혼자 뭔가를 만드는 것에 흥미가 있었다. 실제로도 소질이 남달라 오래 전부터 플라워 레슨을 받으며 그녀만의 꽃집을 차리기로 결심했다가 잠시 커피 하우스로 우회한 상황. 훗날 지금보다 더 넓은 공간과 여유가 생기면 아름다운 꽃과 식물은 그녀의 몫이 될 것이다.

Coffee & Dessert

아이덴티티 커피 랩에는 에스프레소 머신이 없는 관계로 이곳에서는 오로지 핸드드립만을 마실 수 있다. 에스프레소와 물을 섞은 아메리카노를 평소에 많이 마시는 사람이라면 향미 가득한 프리미엄 커피를 마실 수 있는 설렘이 가득할 수 있겠지만, 우유가 들어간 커피를 선호하는 경우 선택은 단 하나. 바리스타의 추천이다. 바리스타가 손님에게 좋아하는 커피를 묻거나 원두의 특징을 질문한 다음 좋아하는 향미가 많은 것들로 고른다. 그렇게 나는 코스타리카 싱글 오리진으로 내린 커피를 경험했다. 맛있게 균형 잡힌 산미, 고소함과 달콤함이 동시에 느껴졌다. 뒷맛은 매우 깔끔했으며 향이 오래도록 입안에 남았다. 누군가에게 아이덴티티 커피 랩에서의 기억은 이번이 마지막일 수도 있다는 생각으로 매번 신중하게 핸드드립을 내린다는 윤원균 바리스타. 이토록 바리스타의 진지함과 의지가 반영된 커피이므로 오히려 마지막일리가 없다. 자주 올 수 없음이 안타깝다면 모를까? 커피 농장에서 커피나무를 직접 재배하지 않는 것을 제외하고, 그는 생두를 볶아 만든 원두로 정성스럽게 내리는 과정까지 모두 총괄하고 있다. 스페셜티 커피가 처음인 사람들을 위해 자극적이지 않고 복합적인 향을 느낄 수 있도록 로스팅을 하고 추출한다. 아는지 모르지만 커피를 내릴 때 그의 얼굴엔 잔잔한 미소가 담겨 있다. 눈썰미 있고 손재주 많은 염선영 바리스타 또한 그 못지않게 훌륭한 커피를 추출한다. 게다가 커피와 잘 어울리는 디저트를 생산하는 공급자로서, 그리고 아이덴티티 커피 랩에 가장 오랫동안 머무는 오너로서, 그녀의 하루는 정말 눈코 뜰 새 없이 분주하다. 가게에 오븐이 없어 밑작업은 집에서 모두 해온다고. 커피처럼 디저트도 신선한 재료에서 맛있는 맛이 나온다고 믿는 그녀는 디저트 재료만큼은 아낌없이 최고급으로 구매한다. 소비자의 입장에서 책임과 예의를 갖춰야 한다는 철학마저 똑 부러지게 현명하다.

아이덴티티 identity, 정체성이란 단어를 좋아한다는 윤원균, 염선영 바리스타.

"사람이든 사물이든 저마다의 색이 있잖아요. 정체성이 확실한 브랜드가 있고 그렇지 않은 것도 있듯이 사람도 마찬가지란 생각이 들어요. 자신이 원하는 방향으로 정체성을 만들어가지 못하고 살아가는 사람이 의외로 많은 것 같아요. 실은 저희가 그랬어요. 직장 생활을 하면서 하루하루가 그저 그렇게 흘러가는 무의미한 느낌이 들었죠. 어느 날 정말로 원하는 우리의 모습은 무엇인지 묻게 되었고, 그래서 좀 더 스스로에게 집중하는 시간을 갖다 보니 결론이 보이더라고요. 결국 행복하게 살고 싶어서 회사를 그만뒀고 아이덴티티 커피 랩을 오픈하게 되었어요."

2018년 4월, 효창공원역 근처에 문을 연 아이덴티티 커피 랩. 삼각형 모양의 좁고 길쭉한 건물을 얻어 지하 1층에는 간이 로스팅을 할 수 있는 공간을 만들고 1층과 2층에 테이블을 두어 그들만의 첫 브랜드를 론칭했다. 벽을 뚫어 커다란 창문을 만들었고 아이보리와 나무 톤의 편안한 분위기를 의도했으며, 염선영 바리스타가 좋아하는 꽃과 나무들로 장식했다. 조용한 동네를 원했던 커플은 경의선 숲길이 가장 마음에 들었다고. 이런 곳에서 향긋한 커피 한 잔을 자신에게 선사한다면 없던 정체성도 생길 것마냥 카페는 참 아담하고 정갈하다. 사실 엄밀히 말하자면 이곳은 아이덴티티 커피 랩의 쇼룸이다. 오래도록 쉬었다 갈 만큼 휴식을 위한 카페라기보다 커피의 신세계 혹은 새로움을 체험하고 싶은 이들이 커피에 집중할 수 있는 공간이다. 새로운 모습을 위해 잠시 닫았지만 사람들에게 아이덴티티 커피 랩은 여전히 브루잉 정말 잘 하는 카페로 각인되고 있다. 곧 망원동에 새 공간을 오픈할 예정이다.

Behind Story

#1

원두 납품과 교육, 더불어 이상적인 커피의 정체성을 널리 알리기 위해, 커플은 아이덴티티의 브랜드를 확장시킨 커피 컴퍼니를 꿈꾸고 있다. 마음에만 두던 계획이 시간을 통해 성장하면서 이들은 가능한 빨리, 능력이 되는 대로, 지역을 옮기더라도 부피를 키우고 싶다고 한다. 아직은 아무것도 결정된 것이 없지만, 그들이 원하는 방향으로 흘러가길 응원해본다.

#2

커플은 최근 행복한 추억을 만들었다. 메쉬 카페 대표의 추천으로 카페쇼에 참가해 비슷한 상황에 있는 카페의 주인들을 만나 즐거운 시간을 보낸 것. 커피를 통해 수많은 사람과 진심이 느껴지는 소통을 할 수 있었다는 점이 너무나 행복했단다. 또한 카페에 직접 메쉬 대표들이 찾아와 이런저런 이야기를 나눈 일이 기억에 남는다고 전했다.

#3

촬영을 하게 되면 카페의 오너들은 친절하게도 커피를 직접 만들어준다. 아이덴티티 커피 랩 역시 우리를 위해 한 잔씩, 많은 커피를 내렸다. 다 내린 다음 잠깐의 여유를 갖고 포토그래퍼의 촬영을 지켜볼 때도 윤원균 바리스타의 손에는 커피가 들려 있었다. 나는 그처럼 손에서 커피잔을 내려놓지 않는 바리스타는 처음 보았다. 놀랍게도 커피를 한 잔만 마신다는 오너도 있었고 전처럼 자주 마시지 않는다는 대표들도 있었지만, 끊임없이 커피를 마시며 음미하고 생각하는 그의 모습을 보면서 나는 적잖은 충격을 받았다. 한편으론 습관처럼 커피를 많이 마셔도 수면 패턴과 심장 박동에 별문제가 없다는 그의 유전자가 부럽기도.

브루잉 커피
BREWING COFFEE

Barista's Recipes

재료와 도구

원두 17g
/ 하리오 v60 드리퍼
/ 서버
/ 저울
/ 드립포트
/ 종이필터

1. 드리퍼에 필터지를 헹군 후 원두 17g을 넣는다.
2. 93℃의 물 40g을 붓고 30초 동안 기다리는데, 원활한 추출이 이루어지도록 사전 적심하는 과정이다.
3. 70g의 물을 천천히 붓는다.
4. 1분 10초 즈음 60g의 물을 빠르게 붓는다.
5. 1분 30초가 지나 다시 100g의 물을 빠르게 붓고 2분 30초 이내에 커피를 내려 완성한다. 잔에 담아 내놓는다.

스트로베리 마스카르포네 무스

STRAWBERRY MASCARPONE MOUSSE CAKE

Barista's Recipes

재료

우유 55g
/ 생크림 44g
/ 설탕 26g
/ 젤라틴파우더 2g
/ 레몬즙 4g
/ 딸기퓨레 50g
/ 레이디핑거 쿠키 적당량
/ 딸기시럽 조금
/ 슈거파우더 20g
/ 생크림 120g
/ 마스카르포네 180g
/ 딸기 적당량

1 먼저 판나코타를 만든다. 우유와 생크림(44g)을 중탕으로 데우면서 설탕을 녹인다.
2 미리 불려놓은 젤라틴을 넣고 자연스럽게 녹을 때까지 기다린다.
3 딸기퓨레와 레몬즙을 넣고 섞은 후 체에 한 번 거른다.
4 용기에 담은 후 1시간 정도 냉장고에서 굳힌다.
5 굳힌 판나코타 위에 딸기시럽에 적신 레이디핑거 쿠키를 올린다.
6 신선한 딸기를 손질해 먹기 좋게 썰어 넣는다.
7 생크림(120g)을 휘핑한 다음 마스카르포네와 슈거파우더를 넣고 섞어 단단한 크림을 만들어 올린다.
8 생딸기로 보기 좋게 장식해 완성한다.

The Question

Home Café

홈카페 문화와 산업이 발달한 일본과 급성장하려는 한국과의 차이는 무엇일까?
일본은 뚜렷한 개성을 가지고 있고 지역마다 세분화되어 있다. 로스팅 배전도나 추출 방식도 다양하다. 그에 비해 한국은 세계적인 트렌드를 따라 문화가 형성되었고, 그 문화 안에서 수준 높게 발전하는 것 같다.

신맛과 단맛, 시트러스와 초콜릿 같은 맛에 대한 설명을 해준다면.
커피의 신맛은 유기산의 분포에 따라 달라진다. 시트릭 애시드(citric acid, 구연산)의 분포가 유리한 커피라면 감귤, 레몬과 같은 상큼하고 노란색이 연상되는 산미와 향미가 느껴진다. 상대적으로 단맛이란 생두 안에 있는 당분이 로스팅을 통해 전부 열분해될 때 감미 물질이 자동적으로 생성되는데 그 성분과 로스팅할 때 만들어진 캐러멜과 같은 향의 조화로 인해 단맛이 느껴지는 원리이다. 초콜릿, 사과, 포도와 같은 향들은 생두가 가진 성분들이 열과 반응하면서 만들어진 것으로 일종의 화합물이라고 보면 된다.

추출법의 정석이나 기본 개념이 있는지?
20g의 커피를 추출한다고 가정했을 때를 따져보면, 물에 녹을 수 있는 커피의 양은 정해져 있다. 다시 말해, 커피는 물에 전부 용해되지 않으므로 일정한 범위 안에서 긍정적인 성분을 최대한 뽑아내고 부정적인 성분은 최대한 줄여서 완성도 높은 결과물을 만들어야 한다. 이것이 추출의 최선이자 기본 개념이다.

Writer's Comments

요즘 집에서 커피 내려 마시는 재미를 누리고 있다. 원두 선택은 행복한 고민이고 각 로스터리 카페의 하우스 블랜딩이 그들의 표현과 맞는지 살펴보는 과정도 색다른 관심사. 그러나 최소한의 도구를 이용하고 있는 탓에 제대로 홈카페를 즐기는가에 대해선 확신이 들지 않는다. 무엇보다 맛을 표현하는 바리스타 혹은 로스터들의 설명이 굉장히 궁금한데, 아이덴티티 커피 랩의 윤원균 바리스타는 최소한 플레이버를 어떻게 느껴야 하는가에 관해서는 도움을 줬다. 그럼에도 너무나 어렵고 깊은 커피. 홈카페를 단순히 취미 정도로 받아들이면 마음이 편하거늘 커피는 누구 말대로 알면 알수록, 하면 할수록 무한 매력을 지녔음에 틀림없다.

Info
- 서울 마포구 망원로 11길 41
- INSTA @identity_coffeelab

메이드 바이
바리스타

III

made by
Barista

Bask

바스크

03

바스크는 카페 콘플릭트 스토어 대표의 추천 카페였다. 길음동 쪽에 정말 괜찮은 카페가 생겼다는데 아직까지 갈 시간이 없어서 한 번도 가보지 못했다면서, 이곳을 비롯해 최근 강북 지역에 좋은 카페들이 생기는 것 같다는 총평까지 해주었다. 그의 말이 떨어지기가 무섭게 인스타그램에서 확인해보니, 왠지 모를 아늑한 살롱의 분위기가 도드라져 보였다. 무엇보다 디저트와 커피가 함께 어우러진 사진과 창문을 통해 투과된 빛의 그림자가 무척이나 고급스럽게 느껴졌다. 마침내 커피를 주제로 한 인터뷰를 요청했다. 개인적으로는 거의 25년 만에 어릴 적 친구들과 한창 돌아다니던 동네에 다시 찾아가 추억을 더듬어보는 기회이기도 했다.

바스크

백관호 · 이지영 바리스타

**따스함이 스며드는 바리스타 부부의 공간
커피를 닮은 디저트
길음동 대표 카페로 등극**

Barista

　　　　　　팩트를 따지면 바스크는 바리스타 부부인 백관호 바리스타와 이지영 바리스타가 운영하는 마이크로 로스터리 카페다. 그러나 디저트 카페, 그러니까 남편은 커피를 내리고 아내는 케이크를 만드는 카페로 더 많이 알려져 있다. 이는 현실적으로 일반 소비자들에게 더 쉽게 다가갈 수 있는 방법이었기 때문에 부부가 선택한 전략이었다. 커피와 어울리는 간단한 디저트가 있으면 좋겠다는 생각에 이지영 바리스타는 카페가 잘됐으면 하는 바람으로 커피를 관리하고 제조하던 포지션에서 한걸음 물러나 베이킹룸으로 들어갔다. 덕분에 바스크는 커피와 디저트가 맛있는 카페로 소문이 났고,

많은 사람이 커피는 기본, 훌륭한 케이크와 구움과자가 궁금해 방문한다.

바스크의 인기가 높아진 것은 분명 기분 좋은 일이지만 한편으로는 디저트에만 이목이 집중되는 것 같아 부부는 서운한 면이 없지 않다. 그래도 카페의 인지도와 명성은 어느 하나만 맛있어서 되는 일이 아니기에 행복한 고민 아닐까? 백관호 바리스타가 볶은 완성도 높은 원두로 내린 커피는 이지영 바리스타의 섬세한 손끝에서 나오는 케이크와 너무나 조화롭다. 물론 형형색색의 화려한 외모를 가진 케이크나 귀여운 모양의 구움과자를 사진으로 찍으면 동그란 잔에 담긴 단순한 커피보다 눈길이 가는 건 어쩔 수 없다. 이방인의 시선을 단숨에 끌기에도 효율적이니 사람들은 자신의 SNS에 디저트 사진을 더 자주 올릴 수밖에. 그러나 바스크에 다녀온 이들이라면 알 것이다. 이곳의 커피가 얼마나 향기롭고 깔끔한지를 말이다.

시각디자인을 전공한 백관호 바리스타는 영화감독을 꿈꾸는 시네마키드였다. 독립영화를 중심으로 영화도 직접 만들어봤고 상업 영화 현장에서도 일했었다. 그가 만든 단편영화가 영화관계자들의 주목을 받기도 하는 등, 그때엔 뭔가 될 것만 같았다. 그러나 상상할 수 없는 경쟁과 스트레스, 정치적 능력이 수반되어야 하는 영화계에서 미래가 막막했다. 결국 영화를 할 수가 없게 되었고, 안정적으로 할 수 있는 일을 찾아야 했다. 직장 생활을 한다는 것 또한 불안하기는 마찬가지였기에 자그마한 가게라도 스스로 하기를 원했던 그는 카페라면 괜찮겠다 싶었다.

백관호 바리스타가 영화 〈바스크〉의 감독이라면, 이지영 바리스타는 각본과 각색을 담당한다고 볼 수 있다. 그것도 미술, 캐스팅 등을 모두 담당하고 있는 멀티플레이어. 남편의 빈틈을 속속들이 채워주고 항상 분주한 그녀의 전공은 사학. 예술이나 F&B와 거리가 한참이나 멀어 보이지만 대학 조교를 하다가 커피빈에 입사하기까지는 그리 오랜 시간이 걸리지 않았다. 회사 생활이 적성에 맞지 않았던 그녀는 오히려 정적인 학교나 학과보다 바쁘게 움직이며 사람과 만나는 일과 커피가 주는 인과관계들에 서서히 매료되었다. 커피를 더 알고 싶어졌고 그래서 공부하면서 다양한 클래스를 찾아 들었다. 커피 리브레의 퍼블릭 커핑에서 만난 백관호 바리스타와는 부부의 연을 맺었고 함께하며 더욱 커피의 매력에 빠져들게 되었다.

Coffee & Desserts

　　　　　　　　　로스터리 카페로서 원두를 자체 생산하는 바스크는 싱글오리진과 로스터의 캐릭터가 담긴 하우스 블랜드를 각각 선보인다. 적당한 산미를 지닌 깔끔한 커피가 나오도록 최선을 다하는데, 똑같은 프로파일과 레시피로 만들어도 종종 의도와 다른 결과물이 나올 때면 원두가 마치 통제 안 되는 아이 같다는 생각이 든다. 그래서인지 할수록 어렵다고. 또 로스터로서 커피콩을 제대로 익히는 것이 가장 중요한데, 만약 콩 하나하나에 열이 들어가지 않으면 추출을 아무리 잘해도 맛이 없다고도 설명했다. 음식이므로 신선한 재료 또한 꼼꼼히 신경 써야 한다고 덧붙이며, 오너로서 커피 이외의 것들, 예를 들면, 커피를 담는 잔이라든가 음악 소리, 작은 소품을 챙기는 것 등 커피 한 잔을 위해 쏟는 사소하지만 꼭 필요한 과정을 열거했다.

　　이지영 바리스타가 준비하는 디저트도 정성 듬뿍이기는 마찬가지. 다른 디저트 메이커와 달리 커피를 이해하고 만든다는 그녀는 항상 커피의 맛을 머리에 입력하고 손님에게 내놓을 디저트의 풍미를 이끌어낸다. 남편처럼 원재료를 다루지는 않지만 최상의 재료들로 메뉴를 구상하고 가급적 계절 재료를 이용하려 애쓴다. 이런 노력으로 말미암아 바스크의 커피와 디저트는 서로 뗄 수 없는 상호보완과 필수불가결한 페어링을 자랑한다. 딸기를 이용해 만든 프레지에의 경우 상큼하고 달콤한 맛이 고소하고 진한 플랫화이트와 결합해 상승작용을 낸다. 흑당이 들어간 피낭시에나 레몬 마들렌은 우유가 첨가되지 않은 따뜻한 드립커피나 아메리카노와 만날 때 특유의 맛과 향이 증폭되어 입안에 은은히 퍼진다. 체리나 무화과가 들어간 케이크는 과일 자체의 식감이 좋으니 케이크 자체를 음미하고 마지막을 에스프레소로 마무리하는 것이 가장 이상적인 듯하지만, 개인 취향에 따라 산미가 좋고 가벼운 맛을 가진 원두를 추천 받아 드립커피로 내려 마시면 어떨까 싶다. 특별한 커피 타임을 갖고 싶다면 바스크의 비엔나 커피만으로도 충분히 행복해질 수 있으니 참고할 것.

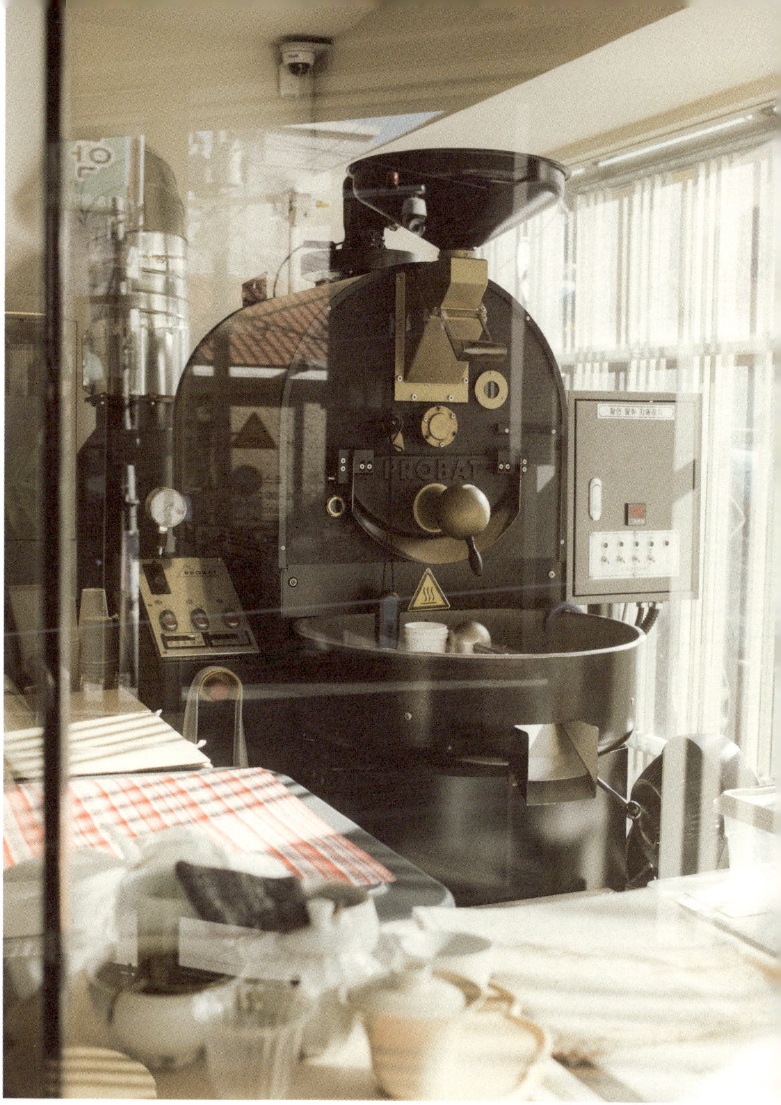
PROBAT

Colombia
Costa Rica
Ethiopia

'숲' Blend
2019.2.5 Roasted

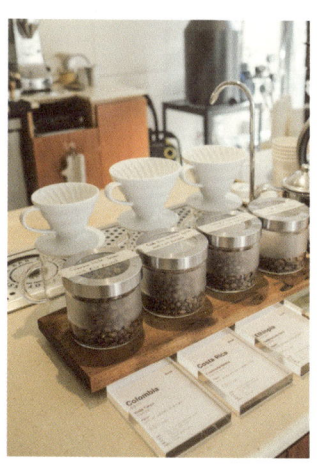

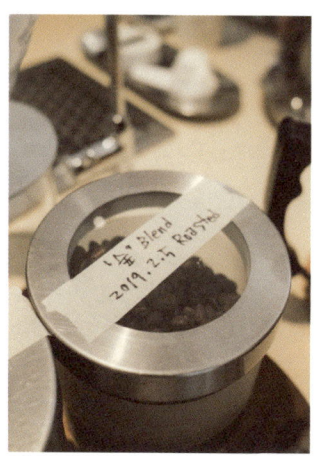

카페의 컨셉이 중요해진 요즘. 새로 카페를 오픈하는 오너라면 자신이 원하는 게 무엇인지 정확히 알고 표현할 줄 알아야 한다. 백관호, 이지영 바리스타는 이곳에 오는 모든 사람이 기분 좋은 시간을 보내고 커피와 디저트를 완벽하게 즐겼으면 하는 마음으로 정감 어린 슬로건을 늘 되새기고 있다. 바로, 'Make a small, good thing.'이란 아기자기한 문구. 미국 소설가 레이먼드 카버의 단편 〈별것 아닌 것 같지만 도움이 되는〉의 영문 제목에서 따왔다. 아들을 잃은 부부가 시나몬롤 빵을 먹으며 위로를 받는다는 이야기인데, 누구라도 바스크에 있는 동안 만큼은 힘이 되고 응원이 되었으면 한다. 그래서 카페 이름도 햇볕을 쬐고 온기를 누린다는 의미를 가진 'BASK'로 정했다. 조금 생소한 단어였지만 3음절로 외우기 쉬웠고 어감도 좋았다. 게다가 카페의 위치가 햇살이 정말 잘 들어오는 방향이어서 만족스러웠다. 내적으로 견고한 심성을 가진 인테리어도 그에 못지않게 상징적이다. 처음엔 붉은 벽돌로 사방을 두르고 유리창도 갈색으로 끼워 강렬하고 단단한 이미지로 짙게 두를 계획이었으나 곰곰이 생각해보니 바스크의 '온기'와 '따스함'이란 키워드와의 공감대가 도저히 잡히질 않았다. 중후한 멋은 있겠지만 이질적인 모습으로 자리잡힐 것 같았다. 불편한 인테리어로 동네 사람들과 거리를 두고 싶지 않았던 부부는 다시 인테리어 디자이너와 상의했고, 벽돌 대신 나무로, 갈색 창문 대신 투명한 창문으로 전면 수정했다. 그리하여, 현재의 바스크는 둥그스름한 원형 테이블과 원기둥처럼 보이는 센터피스를 비롯해 두툼한 빗살을 갖게 되었고, 태양이 떠오를 때마다 각 마디를 통해 빛과 따스함을 전달할 수 있게 되었다. 참고로 바스크의 로스팅 머신과 가장 인접한 원형 테이블에 앉아 있으면, 이 모든 감성들이 커피와 디저트에 어우러져 최고의 효과를 낸다.

Behind Story

#1

백관호 바리스타는 카페를 운영하기 위해 바리스타 자격증을 취득하고 삼성동에 위치한 어느 카페에서 현장 경험을 쌓기 위해 본격적으로 일을 시작했다. 그 무렵 커핑이란 분야를 접하게 되었고 흥미를 느껴 어렵게 휴가를 얻어 강릉 테라로사에서 2박 3일의 커핑 수업에 참여했다. 그는 그곳에서 난생 처음으로 에티오피아 커피로부터 꽃향기를 느끼며 스페셜티 커피에 단숨에 마음을 빼앗겼다고 했다. 예상하지 못한 잔잔한 충격이 그를 강타했고 클래스를 마치고 서울로 오자마자 다니던 카페를 그만두고 스페셜티 커피를 집중적으로 공부하기로 결심했다. 관련 세미나와 행사가 있는 곳이라면 어디든 찾아갔다. 마침 카페쇼가 열리고 있던 어느 가을, 관람은 제쳐둔 채 오직 아침부터 반나절 이상 이어지는 커피 세미나를 모두 등록해 들었다. 이렇게 꼬박 4일 동안 빠짐없이 들으면서 자신과 비슷한 사람을 발견하고는 가볍게 인사를 나누었는데, 그가 나중에 딥블루레이크를 오픈한 이철원 바리스타였다고 한다.

#2

라이프스타일에도 상당히 관심 있는 백관호, 이지영 바리스타 부부는 지난 겨울 소소하지만 즐겁고 유쾌한 이벤트를 마련했다. '작지만 좋은 것들을 만드는 사람들의 장터'라는 이름으로 커피 이외의 핸드메이드 창작자들과 더불어 잊지 못할 시간을 가진 것이다. 원래 커피 이외에도 다양한 문화와 애티튜드를 가진 사람들과의 커뮤니케이션에 갈망했던 이들은 친한 지인들과 바스크를 사랑해주는 사람들에게 행사의 의지를 전달했고, 감사하게도 기대 이상의 호응을 불러왔다. 날이 궂어 기대 만큼 많은 외부인들이 찾아주지는 않았지만 함께 모인 사람들의 훈훈한 애정만으로도 분위기가 너무 좋아 여건이 허락된다면 앞으로 계속하고 싶다고. 특히 이지영 바리스타는 바스크 오픈 이래 가장 뿌듯하고 즐거웠던 순간이었다며 준비하는 과정부터 끝나는 시간까지 매 순간 소중한 추억이 되었다고 회상했다.

#3

인터뷰 촬영 내내 키친 스테이션 뒤에서 은은한 미소와 호기심 어린 눈망울을 보여준 백관호 바리스타. 그와 커피에 관해 도란도란 이야기를 하려면 따로 다른 테이블로 이동할 필요 없이 추출 카운터 바로 옆에 있는 바테이블이 제격이었다. 인터뷰는 거의 대부분 그렇게 이뤄졌다. 케맥스 추출 도구에 커다란 종이필터를 넣고 내리는 동안 나는 옆에 앉아 커피가 왜 좋은지, 바스크 카페의 운영은 어떠한지를 포함한 수많은 질문을 던졌고, 커피 추출액이 쪼르륵 떨어져 나오는 광경을 흥미롭게 쳐다보기도 했으며, 다 내려지면 커피를 즉석에서 받아 마셨다. 이지영 바리스타와 보이차를 마시며 대화를 나눈 곳도 그 자리였다. 혼자 와서 커피와 책을 잠시 읽다 가기에도 좋은 좁고 길쭉한 벤치. 바스크는 화사한 맛이 났던 커피와 입안에서 스르르 녹았던 디저트 이외에도 늘 앉던 자리가 이상하리만치 인상적이었던 카페다.

바스크 브루잉

BASK BREWING

Barista's Recipes

재료
원두 30g
/ 물

III

1 원두 30g을 적당한 굵기로 갈아낸다.
2 하리오 3~4인용 드리퍼에 케멕스 필터를 장착한다.
3 93°C의 물로 커피를 적시듯 부어주어 뜸을 들인다.
4 30초 후 첫 추출이 시작되는데 이때 물을 부어준다.
5 250ml 추출 후 맛을 봐가며 물을 추가해 농도를 맞춘다.

비엔나 커피
VIENNA COFFEE

Barista's Recipes

재료

원두 25g
/ 설탕 7g
/ 생크림 500ml
/ 시나몬 가루

III

1   원두 25g을 이용해 커피를 진하게 100ml 정도 내린다.
2   예열된 잔에 설탕 7g 정도를 미리 넣고 내린 커피를 부어준다.
3   설탕이 잘 녹도록 저어준다.
4   적당하게 휘핑한 생크림을 스푼으로 떠서 커피 위에 올려준다.
5   시나몬 가루를 살짝 뿌려 마무리한다.

The Question

Customer Manners

서비스업인 만큼 수많은 사람들이 찾아온다. 사람마다 각자의 성격이 있고 반응도 천차만별인데, 주인의 입장에서 손님의 매너에 대해 이야기한다면?

일하는 사람과 다른 손님을 배려해주는 사람이 가장 매너 있는 고객이라고 생각된다. 공간과 맛있는 커피를 오롯이 즐기는 고객들을 볼 때 덩달아 마음이 행복해지곤 한다. 서비스업이니 카페가 친절한 것은 당연하게 여겨지는데, 역으로 손님이 배려심 넘치고 친절한 경우가 있다. 그런 손님들의 따뜻하게 건네주는 인사나 미소짓는 표정에서 또 새로운 힘을 얻는다.

성숙한 카페 문화를 위해 소비자에게 해주고 싶은 말이 있다면?

앞서 손님의 매너 혹은 배려에 대한 이야기를 하였지만, 사실 바리스타들이 바라는 것은 '전문직'에 대한 존중이 아닐까 싶다.

바리스타를 '서비스직'이라고 단정 지으면 커피를 '전문적으로 만드는 기술직'이라는 존중이 결여되기 쉽다. 아마 이 부분은 많은 바리스타가 철학적으로 고통 받는 지점일 것이다. 손님들은 바리스타를 '서비스직'이라 생각하고, 선배 혹은 오너 바리스타들 또한 아이러니하게도 후배 혹은 직원들에게 '서비스직'임을 강요하고 있다. 분명한 것은 바리스타는 한 잔의 커피를 위해 기술을 부리는 직업이다. 커피를 위해 수만번 탬핑하고 그라인더 세팅을 하고 맛을 보고, 퇴근 후에는 딴 세상 이야기 같은 어려운 커피 서적들을 탐닉하는 것들은 바로 바리스타가 기술직이기 때문일 것이다.

매너와 배려로 바리스타를 대해주는 손님이 고마운 것은 사실이다. 하지만 내가 그토록 고민하며 만든 커피 한 잔을 오롯이 즐겨주는 손님은 고마움 이상으로 기억에 남는다.

"맛은 잘 모르겠어요. 그런데 여기서 커피 한 잔을 마시는 게 너무 좋아요."라는 어느 노부인의 한마디가 가장 기억에 남는다.

Writer's Comments

작년 레스토랑 업계를 달군 키워드 중에 '노쇼(NO SHOW)'라는 비매너 형태가 있었다. 예약을 해놓고 확인 연락을 받지 않는다거나 온다고 해놓고 예약을 돌연 취소해 업장에 피해를 주는 사례들을 꼬집어 사람들에게 경각심을 일깨워준 것이다. 다행히 카페에 노쇼가 생길 리는 없겠지만 카페에도 엄연히 비매너를 보여주는 손님들이 있으며, 그로 인해 골머리를 앓는 카페 오너들이 꽤나 많다는 소식을 접한 적이 있다. 실제로 인테리어가 예쁜 카페에 가면 커피 한 잔 주문해놓고 아래층부터 꼭대기 층까지 돌아다니며 셀카를 찍어대는 손님들이 한두 명이 아니다. 그들의 행동이 잘못됐다기보다는 그로 인해 다른 사람들이 피해볼 것은 아랑곳하지 않는 현실이 그저 안타깝기만 하다.

노 키즈 존을 표방하는 카페들도 한때 이슈였다. 유명한 디저트 카페의 사장은 카페의 컨셉이 편안함과 여유인데, 어느 날 아이들을 데려온 엄마들이 아이들을 도무지 통제하지 않아 다른 손님들에게 너무나 미안해 서비스로 쿠키를 돌렸다는 에피소드를 들려준 적이 있다. 바꿔 말하면, 비상식적인 엄마들 때문에 상식과 매너를 가진 엄마들이 피해를 보고 있는 셈이다. 노 키즈 존이 그 해답이 될 수는 없지만, 자유와 권리를 혼동하고 있는 건 아닌지. 즐길 자유와 권리가 있다면 그에 따른 책임이 따른다는 점도 명심해야 할 것이다.

Info
- 서울 성북구 삼양로9길 10-2
- 02-941-5168 · 12:00~20:00 · 월, 화요일 휴무
- INSTA @bask_coffee

메이드 바이
바리스타

made by
Barista

BEANPROJECT

빈프로젝트
커피 로스터스

04

내가 처음 장현우 바리스타를 만났던 10년 전. 나는 호주에서 막 돌아온 참이었고, 그는 호주로 떠나기 위해 만반의 준비를 하고 있었다. 어느 날 지인에게 연락이 와, 호주에서 내가 어떻게 지냈는지 그리고 무엇보다 그곳의 카페들과 커피는 어떤 특징이 있는지 이런저런 이야기를 직접 듣고 싶어 하는 친구를 소개하고 싶다고 했다. 호주에 있었을 때 멜버른의 멋진 카페들을 소개하는 기사를 연재했었는데, 아마도 이를 보고 관심을 가진 모양이었다. 여하간 강남의 어느 식당에서 처음 소개받은 그는 젊고 잘생긴 20대 바리스타였다. 커피 강사로 활동하다가 호주에 가서 좀 더 견문을 넓히고자 한다며 자신의 꿈을 말해주었다. 그랬던 그가 빈프로젝트 커피 로스터스의 대표이자 카페 아이두의 오너가 되었으니, 10년이면 정말 강산이 변하긴 하나 보다.

빈프로젝트 커피 로스터스

장현우 바리스타

커피와 호주의 아주 긴밀한 관계
직원과의 상생과 협업을 꿈꾸다
선택과 집중의 절묘한 순간

Barista

　　최근 나는 어떤 사람을 바리스타라고 해야 하나 로스터라고 해야 하나 헷갈리는 상황에 자주 맞닥뜨린다. 카페에서 커피를 내려주니 당연히 바리스타인데, 로스팅 룸에서 콩을 볶고 있는 걸 보게 되면 로스터라고 불러야 하나 싶다. 누구는 명칭이 뭐 그리 대수냐며 개의치 않고, 또 어떤 이는 일의 비중에 따라 로스팅을 자주 하니 로스터라고 불러주면 좋겠다 했다. 또 어떤 이는 자신은 여전히 사람들과 대면하고 소통하는 걸 좋아하니 바리스타라는 호칭이 더 편하단다. 실은 바리스타를 거치지 않고 로스터가 되는 경우는 극히 드물어서, 로스터라고는 해도 심장 어딘가엔 바리스타의 피가 흐르고 있음은 분명하다. 장현우 바리스타는 흥미롭게도 원래 베이커였다. 빵을 좋아해서 어려서부터 제빵을 배웠고 현장에서 일하기도 했다. 돌이켜보니 빵보다는 버터와 밀가루, 발효 과정과 숙성 과정의 고소하고 시큼달콤한 빵 냄새를 더 좋아했던 것 같다고. 20~30초 만에 만들어내는 에스프레소의 매력에 빠진 뒤 커피를 배우기 시작했다. 무얼 하든 격려해주는 가족 분위기 속에서 그는 자신이 원하는 일을 할 수 있었다. 무언가를 순수하게 갈망하면 없던 기회가 생기기도 하지 않는가. 곧장 바리스타 교육을 받았다. 학원에서 수업을 들으며 이론을 공부했고, 커피를 대하는 마음을 다잡았다. 단순한 지적 호기심을 넘어 몸으로 체득하며 알면 알수록 매력적인 커피에 푹 빠졌고, 베이커가 아닌 바리스타로서의 미래를 준비하기로 결심했다.

　　"어릴 적부터 항상 잘 즐길 줄 아는 사람이 되고 싶었어요. 그래서 커피 문화가 발전된 나라의 카페를 찾아 다니며 그들은 어떻게 즐기고 있는지 열심히 고민해본 적도 있고요. 진심으로, 언제나 유쾌한 마인드를 가진 바리스타가 되고 싶어요. 직업을 대하는 태도가 너무 마르고 건조한 것보다는 훨씬 좋잖아요? 저는 처음부터 지금까지, 한결 같은 마음으로 커피를 생각합니다. 자부심이라고 표현할 수 있을 것 같아요. 맛에서 떳떳한 자부심을 가져야 하는 거죠. 아울러 좋은 바리스타란 손님을 진심으로 반겨주는 사람이어야 해요. 훌륭한 커피는 커피를 만드는 사람의 마음에서 나오니까요."

Coffee

　　몇 년이 흐르자 장현우 바리스타의 소식이 심심치 않게 들려왔다. 귀국한 뒤 합정역 인근에 로스팅 랩을 꾸렸다고 했고 합정역과 상수역 중간 즈음에 있는 카페 아이두를 인수했다는 소식을 들었다. 나는 바로 그곳으로 달려갔다. 나를 반갑게 맞이하는 그는 이전보다 훨씬 성숙하고 활기차 보였다. 걱정과 호기심으로 가득했던 모습은 찾을 수 없고 자신감에 넘쳤다. 멜버른에서의 생활이 너무나 궁금했지만 우선 커피부터 주문했다. 어떤 커피를 마시겠냐는 질문에 조금의 망설임도 없이 플랫화이트라고 대답했다. 미소를 머금은 채 그는 지체 없이 정말 맛있는 플랫화이트를 한 잔 뽑아주었다. 당시, 그러니까 7, 8년 전만 해도 서울에 플랫화이트를 아는 바리스타는 거의 없었다. 마침내, 나는 장현우 바리스타 덕에 비로소 제대로 된 플랫화이트를 오랜만에 마실 수 있었다.

　　사실 아이두에는 플랫화이트뿐만 아니라 호주에 있는 동안 커피에 새롭게 눈을 뜬 그가 개발한 커피가 몇 가지 더 있다. 카페런던과 썸머라떼. 썸머라떼는 호주식 아이스라떼로, 멜버른에서 여름마다 마시던 음료였다. 아이스라떼를 주문하자 아이스크림 한 스쿱을 넣어줘 놀라게 했던 그 메뉴. 한국에서 아이스크림이 들어간 커피라고는 아포가토 이외에 먹어본 적이 없어서 어찌나 색다르게 느껴졌던지. 이처럼 호주에서 많은 걸 보고 경험한 바리스타가 차린 카페이니만큼 카페 아이두는 오픈 이후 줄곧 나의 취향 저격 플레이스다.

　　한편 장현우 바리스타의 드립커피도 무척 좋아하는데, 자신이 볶은 원두를 가장 잘 아는 이가 내리는 커피이기 때문이다. 그는 핸드드립 커피클래스를 운영하기도 하는데, 요즘엔 로스팅 머신과 함께하는 시간 보다 커피를 내릴 때나 다른 분야의 사람들과 즐거운 일을 도모하는 자리에서 표정이 더 밝아 보이기도 한다.

Café

아이두보다는 빈프로젝트가 장현우 바리스타의 아이덴티티를 더 잘 드러내는 것 같아 나는 요즘 이곳에 자주 간다. 빈프로젝트의 컨셉이 호주식 카페라서 그런 것일 수도 있지만, 무엇보다 멜버른에 있을 때 나의 참새방앗간이었던 BBB 카페와 매우 비슷하기 때문이랄까. 장현우 바리스타는 거의 모든 소품을 호주에서 가져오다시피 했고, 그곳처럼 커다란 커뮤널 테이블을 작은 카페 안에 들여놓았으며, 호주인들이 좋아하는 도넛 스타일의 봄볼로니를 직접 만들어 판매하고 있다. 스스로도 BBB를 모티프로 공간을 꾸몄다고 말할 정도로 그 역시 호주를 참 좋아한다.

한편 빈프로젝트에서는 얼마 전부터 배치브루를 하고 있다. 빈프로젝트의 훌륭한 원두로 내린 블랜딩과 싱글 오리진을 더 많은 사람들이 즐길 수 있도록 하기 위한 아이디어. 이 시도가 일종의 배려라고 느껴지는 건 퀄리티에 비해 가격이 무척 저렴하다는 것이다. 2천 원대에 즐길 수 있어 다른 메뉴에 비해 상대적으로 매우 저렴하다. 사람들은 좋아하는 커피만 주문하는 경향이 있는데, 가볍고 산뜻하게 음미할 수 있는 배치브루에 좀더 가까워지기를 바라는 마음에서 가격도 낮춘 것. 카페에는 이외에도 퍼블릭커핑, 원아우어 1-hour 클래스 등 여러 가지 커뮤니케이션 채널이 마련돼 있다. 즐겁게 일하며 커피 문화를 전파하고 싶었던 그의 계획이 하나 둘씩 이뤄지고 있는 셈이랄까?

Behind Story

#1

연남동에 있었던 빈프로젝트 카페가 갑작스럽게 합정동으로 이사를 가게 됐다는 연락을 받았을 때 솔직히 아쉽고 슬펐다. 가끔 혼자 조용히 있고 싶을 때 가던 카페이기도 했고, 책과 커피 굿즈, 소품들로 마치 갤러리처럼 멋지게 꾸며져 있던 그곳을 촬영하고 싶었기 때문이었다. 안타까웠지만 가장 섭섭한 사람은 장현우 바리스타였음을 알기에, 마음속으로 응원하면서 빈프로젝트의 새로운 모습을 기대했다. 그리고 어느덧 완성된 새 매장을 찾아갔더니 완전히 다른 인테리어와 색감의 카페로 변해 있었다. 솔직히 줄어든 규모와 달라진 비주얼에 적잖이 놀랐는데, 과거의 1/3 규모임에도 다행히 커피 컨텐츠는 그대로. 연남동 빈프로젝트 단골이었다면 전혀 다른 형태와 컬러에 다소 생경할 수도 있으나, 커피는 여전히 맛있고 직원들은 변함없이 상냥하다. 뭔가 컴팩트해진 느낌과 응축된 커피향 덕분인지 마음은 오히려 한결 따뜻해졌다고나 할까?

#2

장현우 바리스타는 『커피 라이프』라는 책을 쓰기도 했다. 이 책에는 그의 핸드드립 노하우와 커피 이야기가 담겨 있다. 커피 이야기 이외에도 소소한 삶의 에세이가 담겨 있어 커피가 주는 온화한 감정을 좋아하는 이들이라면 좋아할 만한 책이다.

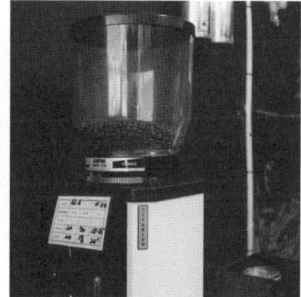

#3

호주가 좋아 해마다 아내와 함께 호주 여행을 한다. 카페 운영 시간도 호주 카페와 동일하게 만들 정도니 짐작하고도 남는다. 그곳에서 하는 일은 두말할 나위 없이 카페투어. 같이 일했던 동료들과 만나거나 새로운 커피 트랜드를 살핀다. 한국과 다른 깨끗한 공기를 흡입할 수 있다는 것만으로도 그에게는 충분히 가치 있는 여행일 것이다.

#4

빈프로젝트의 로고는 귀여운 파인애플이다. 그 이유는 브랜드가 좋아하는 커피 플레이버에 파인애플이 들어가기 때문. 젊은 감각을 표현하기 위해 노란색과 초록색 컬러를 선택했다. 이외, 5개의 이파리는 사람이 느끼는 오감과 생두를 로스팅할 때 타오르는 불꽃을 동시에 상징한다고.

Barista's Recipes

재료

다크나이트 원두 20.5g
/ 스팀 밀크

1. 200ml 잔을 준비한다.
2. 물 온도를 93℃로 리스트레또 더블샷(16g)을 추출한다. 추출 시간은 20초.
3. 55℃ 의 스팀밀크를 준비한다.
4. 스팀밀크 140g을 부어 완성하는데, 1cm 정도의 거품 두께가 나오도록 한다.

빈 프로젝트 스타일 필터커피

FILTER COFFEE

Barista's Recipes

재료
에티오피아 웨르카 원두
/ 물

1 사전 준비로 도징 20g, 물 온도는 95℃로 맞춘다.
2 뜸들이기 20g(1분 기다림).
3 1차 추출 60g까지 붓는다(30초 기다림).
4 2차 추출 90g까지 붓는다(30초 기다림).
5 3차 추출 120g까지 붓고 30초 뒤 드리퍼를 걷어낸다.
6 온수 100ml를 희석하면 완성.

The Question

Tasty Coffee

맛있는 커피의 기준이란 무엇일까?
커피는 기호식이므로 각자 좋아하는 스타일이 다르다. 그러니 각자의 기억과 경험에 따라 인상 깊은 커피가 존재한다고 생각한다. 결국 오래도록 머리에서 떠나지 않는 커피가 가장 맛있는 커피가 아닐는지. 따라서 프랜차이즈라고 해서 다 맛없다는 판단은 편견이라고 본다.

맛있는 커피를 만들기 위한 본인만의 기준이 있다면?
로스팅부터 추출까지, 마지막 한 잔의 커피가 탄생하기 전까지 기본을 엄격하게 지키려고 노력한다. 만약 어떤 과정에 변화가 필요하다고 생각되면 그 변화의 의미를 확실하게 이해하고 진행시키는 편.

스페셜티 커피가 보급화되면서 '맛있는 커피는 신맛'이란 공식이 생겼는데, 어떻게 생각하는지?
개인적으로 홍어를 먹지 못한다. 매운 음식, 특히 고춧가루가 들어간 음식은 입에 대지도 못한다. 한마디로, 싫어하는 음식을 억지로 좋아할 필요도 따라갈 필요도 없지 않을까? 하지만 가끔 매운 음식에 도전하는 내 자신을 발견한다. 만약 나와 비슷한 사고를 가진 사람들이라면 신맛을 가진 커피에 한 번쯤은 도전해서 작은 성취감을 느껴보면 좋겠다.

Writer's Comments

'맛있다'란 단어의 스펙트럼은 종종 특별한 것이 아니라 어쩌면 소박하다는 생각이 들 때가 있다. 나는 내가 만든 음식이 엄마가 해주는 음식 다음으로 세상에서 제일 맛있는데, 있는 재료를 기름에 볶고 오븐에 굽기만 해도 너무 맛있다. 그 이유를 생각해보면 내가 좋아하는 취향과 식감을 가진 재료들로 원하는 맛을 내기 때문인데, 이렇게 따져보면 커피 역시, 스페셜티 커피가 아니더라도 맛있는 커피는 얼마든지 존재한다는 의미일 것이다. 장현우 바리스타의 말처럼 호기심에 궁금해서 도전하면 모를까, 맛의 강요란 절대적으로 무의미하다고 생각한다.

내가 좋아하는 커피는 우유가 들어간 밀크베이스. 라떼가 대표적이고 플랫화이트를 잘 뽑아내는 카페가 있으면 그것으로 주문한다. 카푸치노의 거품은 내게 약간 부담스럽고 비율적으로 어울리지 않는 것 같아 사양하는 편. 가끔 형용할 수 없는 향미로 가득한 드립커피를 아이스로 마실 경우 감탄하는 경우가 있는데, 그럴 때 보면 클린컵을 가진 싱글 오리진이었다. 얼음이 반 이상이 넘는 아이스커피도 너무 뜨거운 커피도 싫어하는 걸 보면, 온도의 차이도 취향에 큰 영향을 주는 듯.

Info
- 서울 마포구 독막로2길 38
- 02-3141-1229
- 09:00~17:00(평일), 13:00~19:00(토요일)
- INSTA @beanproject

메이드 바이
바리스타

0

made by
Barista

Green Mile

그린마일

05

카페 취재를 할 때면 상대가 오너 바리스타인 경우 종종 친한 바리스타를 물어보곤 한다. 물론 인터뷰를 통해 선한 마음과 실력을 겸비한 사람이라고 느꼈을 경우에만 그런 질문을 던진다. 인간사 대체로 유유상종인 법.
여하간 얼마 전 나는 커피몽타주의 신재웅 대표를 만났었고 그에게 로스터리 카페를 소개해주십사 요청했다. 그렇게 알게 된 그린마일 커피의 최창해 바리스타.

그린마일

최창해 바리스타

소중한 것은 일과 가정의 균형
커피는 자식과 같은 존재
느리지만 정확한 속도로 움직이는 카페

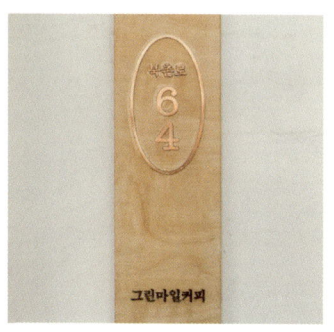

Barista

하루의 대부분을 로스팅 머신과 함께하는 그도 한때는 바리스타라고 불리던 시절이 있었다. 지금은 스스로를 로스터라고 말할 정도로 손님에게 커피 한 잔을 건네는 포지션에서는 멀리 떨어져 있지만, 그의 커피 인생의 시작은 카페 아르바이트생.

십수 년 전 친구의 누나가 운영하는 커피숍에서 잠시 일을 도와주면서 인생 최초로 커피와 만났다. 당시만 해도 커피로 생계를 꾸리고 직원들을 거느린 커피 기업의 대표가 될 줄은 꿈에도 몰랐을 것이다. 사회 초년생 시절 MBC 방송국에서 근무했었는데, 보수는 괜찮았으나 규칙적인 시간 관리가 힘들어 개인 생활이 없어지고 삶의 여유가 사라졌다. 그 사실을 깨닫자마자 입사 1년 만에 과감히 사표를 던졌다고. 자신의 성향과 맞지 않는 일을 오래도록 해낼 자신이 없었단다. 이후 뭘 할까를 고민하던 그에게 찾아온 기회의 끈은 꿈에서조차 본 적 없는 카페 아르바이트. 별생각 없이 들어갔더니 마침 커피 교육까지 하는 카페였고 하릴없이 시간을 보낼 바엔 커피 수업을 듣기로 했다. 듣다 보니 관심이 생겼고 공부하다 보니 커피의 매커니즘과 더불어 커피가 좋아지게 되었다.

"이십 대에는 방황을 하잖아요. 막상 직장에 들어갔더니 기대와 달리 엉뚱한 일을 하게 되었고 일도 성격과 맞지 않았어요. 그렇다면 그만두고 빨리 다른 일을 알아봐야 한다는 생각에 앞날을 고민하고 있었어요. 다행히 커피를 알게 되었고 덕분에 지금의 아내도 만나게 됐죠. 모든 게 신기해 보이지만 나름 플랜은 있었습니다. 서른 전에는 해야 할 일을 찾고 마흔 전까지는 한눈 팔지 않고 그 일에 최선을 다해서 몰두하는 것. 그리고 쌓아 놓은 성과를 유지하고 보존하면서 다른 일을 모색하자는 생각이었어요. 단 서두르진 않겠다고 다짐했고요."

기막히게 맛있는 커피 한 잔이 최창해 바리스타의 인생을 바꾸진 않았어도 최소한 자신에게 들어온 기회를 차버리지 않은 직관력이 오늘의 그를 만든 셈이다. 로스팅의 경우, 일본 계열의 커피회사인 마에스터 커피에서 본격적으로 배웠다. 10년도 넘은 일이니 스페셜티 커피에 관해서 언급하는 이들이 흔치 않았던 시기에 통찰력을 발휘했다고나 할까. 그렇게 그는 커피 밖의 외인에서 바리스타로, 커피 회사의 로스팅 담당을 거쳐 원두 납품을 전문으로 하는 로스터리 카페의 대표가 되었다.

Coffee

　　　　　　　　　　1호점인 강남구청점과 2호점인 북촌점, 어느 곳을 가도 그린마일의 커피는 동일하건만, 사람의 기분이란 게 참 묘해서 분위기에 따라 맛이 다른 것처럼 느껴진다. 개인적으로 아름다운 조망과 함께 커피를 마시는 북촌점 커피가 훨씬 맛있다. 그 중에서도 가장 좋아하는 커피는 250ml 라떼. 핀란드에서 공수해온 커피잔에 담아 나오는 향긋한 우유 베이스의 라떼는, 흔한 메뉴이지만 이곳만의 정서가 담겼다. 게다가 보기 좋은 떡이 맛도 좋다는 원리라면 그린마일의 라떼는 다른 곳보다 열 배는 더 맛있어 보인다. 핀란드 감성을 듬뿍 쏟아 넣고 싶었다는 최창해 바리스타의 의지에 따라 어렵게 들여온 빈티지 커피잔들이 제 몫을 톡톡히 해내기 때문인데, 하나같이 색감, 디자인, 패턴, 심지어 잔의 무게까지 사람의 마음을 호들갑스럽게 만든다. 특히 그린마일 라떼는 상호명을 달아 내놓은 시그니처 메뉴로 맛차가루가 들어간 부드러운 우유 음료다. 가끔 빈속을 진하고 향기로운 차로 다스리고 싶을 때 이것 하나면 충분하다. 이외 코코넛 라떼는 코코넛 소스와 생크림이 어우러진 맛이 감미롭기 그지없다. 그 위에 올려진 화이트 초콜릿은 신의 한 수처럼 에스프레소와 코코넛 크림이 조화를 이루도록 도와준다. 이외에도 카카오 버터의 느끼함이 전혀 물리지가 않아 놀랐다.

처음 시작은 최창해 바리스타의 카페임을 바로 알 수 있는 커피 창해. 이름을 내걸고 할 만큼 커피에 대한 자부심이 무르익었다. 4년 정도를 운영하니 방식을 좀 바꿔야겠다는 니즈가 생겨났고 자신을 드러내기보다 자신이 로스팅하는 커피가 브랜드로 더 많이 알려지길 원했다. 벼가 익을수록 고개를 숙이듯 내실에 힘을 더 주기로 한 그는 그린마일로 상호명을 변경했는데, 마침 영화 《그린 마일》을 감명 깊게 본 이후였다. 손님들이 원하는 커피를 믿고 마실 수 있는 카페로 성장시키며 꾸준히 노력해온 지난 7년. 사업 초기가 로스팅 랩의 규모였다면 현재는 팩토리 형태로 성장했다. 이제는 새로운 시도보다 느리지만 진득하게 원두와 카페의 품질과 서비스를 유지하고 발전하는 단계로 신뢰를 지키고 있다. 그리고 이런 노력과 최선의 중심에는 언제나 가족이 있다. 다정하고 잘 놀아주는 아빠일 때 가장 행복하다는 그는 커피를 자식에 비유할 만큼 커피를 사랑하지만 가족은 그보다 더 소중한 존재라는 사실.

한편 인테리어적 관점에서 북촌점은 일본 스타일을 좋아하는 아내의 취향과 핀란드를 동경하는 최창해 바리스타의 관심이 접목된 매장으로, 언뜻 일본 카페 같기도 하고 유럽 한복판에 와 있는 느낌이 들기도 하는 공간이다. 특히 북유럽의 여백과 공간미를 강조한 배치가 눈에 들어온다. 무엇보다 루프탑은 이곳만의 독보적인 스페이스. 한옥의 지붕과 가회동 성당이 지긋이 내려다보이는 풍경만으로도 마음이 편안해진다. 그밖에 물병과 자연 소재의 소품들, 나무와 바닥, 마패에서 영감을 받은 가죽고리가 달린 번호표, 그릇과 사이폰 테이블 등이 몹시 인상적이다.

Behind Story

#1

 잠실에서 운영하던 카페를 접고 강남으로 온 이유는 가끔 지방에서 올라오는 고객을 위해 교통이 편리한 지역을 선택하고 싶었기 때문이었다. 북촌점은 오래 전 삼청동에서 일한 적이 있어 익숙했던 데다가 언젠가는 이 지역에 카페를 내고 싶다는 꿈을 품기도 했었기에 자리를 잡았다고. 평일에 정신없는 강남과 달리 주말에 몹시 바쁜 동네라서 카페가 쉼 없이 돌아갈 수 있는 시스템을 정립하기에 용이했다.

#2

로스팅 팩토리가 있는 강남구청점이 최창해 바리스타의 근무지라면, 북촌점은 디자인을 전공한 그의 아내가 관리하고 있다. 커피교육센터에서 만난 부부의 취미와 일이 모두 이뤄진 것이나 다름 없는 공간이랄까? 특히 이곳은 아내와 남편의 취향이 가장 멋스럽게 절충된 이미지여서, 다른 듯 같은 호흡을 느끼게 된다.

#3

2017년은 카페쇼에 참석했다. 준비를 하는 동안 너무 힘들었고 카페쇼를 마치고는 완전 넉다운 될 정도였다고. 그 악몽으로 인해 안타깝게도 미래의 카페쇼 참가는 거의 불투명해진 상태. 최창해 바리스타는 카페 오픈보다 카페쇼가 더 어렵고 고생스러웠다는 후일담을 이렇게 털어놓았다.

Barista's Recipes

재료

에스프레소 2샷
/ 코코넛 시럽 15ml (모닌)
/ 깔리바우트
　화이트초콜릿 15g
/ 우유 120ml
/ 생크림 50ml
/ 화이트 블로섬
　화이트컬스 5g

1. 에스프레소 2샷과 깔리바우트 화이트초콜릿을 함께 녹인다.
2. 잔에는 미리 받아둔 코코넛 시럽과 함께 베이스를 섞는다.
3. 우유는 거품이 1cm 정도 될 수 있게 스티밍 한다.
4. 스티밍 한 우유는 잔에 따른 후, 거품과 우유가 분리될 수 있도록 약간의 시간차를 둔다.
5. 조청과 같은 끈적임 정도의 생크림을 가운데 살짝 얹힌다.
6. 화이트컬스로 장식한다.

Barista's Recipes

재료

방콕 소스 25g
 (물 500ml,
 코코넛슈거 500g,
 시나몬스틱 17g,
 넛맥 10g,
 정향 6개,
 스타아니스 3개,
 시나몬파우더 5g,
 레몬즙 20g)
/ 패션후르츠 20g
/ 진저에일 180ml
/ 레몬칩 1개

1 방콕 소스 재료를 모두 냄비에 넣고 중불로 천천히 저어가며 약 30분간 졸인다.
2 350ml 글래스를 준비한다.
3 얼음 8개를 준비한 잔에 담고 방콕 소스 25g을 넣어준다.
4 패션후르츠, 진저에일을 넣고 소스가 잘 섞이도록 저어준다.
5 그 위에 레몬칩으로 장식한다.

The Question

Coffee farm

커피 원두에 붙여진 네임 스티커에는 어떤 기준이나 규칙이 있는지?
와인과 동일하다고 생각하면 쉽다. 생산국가 혹은 특정 지역의 농장 이름, 커피의 등급을 적고 있다. 규칙이라기보다는 편의상의 이유로 표기를 하는데, 예를 들어 게이샤는 에티오피아의 게이샤 숲에서 발견되어 게이샤로 부르게 되었고, 블루마운틴은 자메이카의 블루산맥에서 재배되기 때문에 블루마운틴으로 부른다.

좋은 커피나무를 재배하기 위한 조건은 무엇인가?
품종에 따라 다르지만 생두는 커피 체리라는 열매에서 얻어지는 것이므로 유기질이 풍부하게 들어있으려면 비옥한 토지, 깨끗한 물, 적절한 햇빛 등이 조화를 이뤘을 때 좋은 생두가 탄생한다. 이는 또 나라마다 차이가 있다. 에티오피아, 인도, 과테말라와 같은 북반구에 위치한 나라들은 주요 수확 시기가 10~2월 사이이다. 반대로 브라질, 페루 등 남반구에 위치한 나라들은 6~10월 사이에 수확한다. 특히 콜롬비아와 케냐는 1년에 우기가 두 차례 발생하므로 수확도 두 번이다. 덧붙여 설명하면, 4~5년 전에 비해 모든 나라의 커피들의 전반적인 퀄리티 자체가 올라갔다. 커피 산업이 발전하면서 대부분의 농장주들이 품질을 높이려고 다양한 프로세싱을 개발하였고 여러 가지 시도를 하고 있기 때문이다.

Writer's Comments

커피 농장을 가는 여정이 힘든 이유는 그 나라들이 대부분 개발도상국가이기 때문이다. 자연 혜택을 누린다는 말은 개발이 덜 되었다는 말과 별반 차이가 없어 험한 길을 뚫고 가야 농장에 이를 수 있다. 도시에서 소비되는 커피를 위해 오지의 농장주와 농부들은 어려운 환경에서 커피나무를 재배한다. 다행히 과거와 달리 임금 문제는 점점 나아지고 있고 농장주의 세대 교체가 일어나면서 인식이 전환되고 있으나, 여전히 그곳에서의 생활은 녹록하지 않다.

최근 커피 농장을 여행 삼아 가는 사람들이 늘고 있다고 들었다. 단체 여행으로 가이드를 섭외해 간다는데, 부디 그 곳을 오염시키지 않고 커피를 사랑하는 마음으로 아무 것도 남기지 말고 돌아왔으면 하는 바람이다.

Info
강남구청점
- 서울 강남구 선릉로127길 11
- 02-517-2404 • 08:00~19:00 • 일요일 휴무

북촌점
- 서울 종로구 북촌로 64
- 02-744-2404 • 08:00~ 21:00(평일)
- 10:00~21:00(토요일) • 10:00~19:00(일요일)
- INSTA @green_mile_coffee

메이드 바이
바리스타

made by
Barista

Crowd Coffee Roasters

크라우드
커피 로스터스

06

골목이 가진 소소하고 개성 강한 매력 때문에 나는 메인 상권보다는 이면 도로나 옆, 뒷골목에 더 관심이 많다. 눈에 훤히 드러나 보이는 것보다 감춰지거나 숨겨진, 혹은 보이지 않는 부분이 늘 궁금하다. 그러니 경리단길에 연결된 수많은 길들은 언제나 내 취향을 자극하는 보물창고다.
어느 날 그냥 발길 가는 대로 걷다가 만난 카페가 크라우드 커피 로스터스였다. 있어 봐야 작은 로컬 카페 하나 정도 있겠다 싶은 길목에 푸른빛이 감도는 2층짜리 건물이라니. 누군지 모르지만 커피를 굉장히 좋아하거나 카페를 무척이나 하고 싶었던 사람이 만든 곳 아닐까 생각했다. 이것이 크라우드 커피 김태원 바리스타와의 첫 만남이었다.

크라우드 커피 로스터스

김태원 바리스타

선견지명의 힘
좋은 커피를 더 많은 사람들에게 알릴 수만 있다면
주인을 닮은 커피

Barista

　　　　　　　　　　　대학 졸업 후 남들이 다 부러워하는 투자회사에 입사한 김태원 바리스타는 왠지 모르게 미래에 대한 불안감이 매우 컸다고 했다. 조직 생활이 성격상 어울리지도 않았을뿐더러 평생직장에 대한 고민이 하루하루 커져만 갔다고. 결국 창업을 꿈꾼 그는 일과 병행하며 대학원에서 경영학을 공부했고, 평생 하고 싶은 일을 고민하던 중 커피란 목표가 생겼다.
　　그는 일찌감치 또래의 성인 남자들보다 커피에 대한 관심이 높았다. 2004년 캐나다로 어학연수를 떠났을 때 그곳에서 경험한 커피와 이를 중심으로 유쾌한 문화를 엮어내는 현지 사람들이 부러웠다. 나중에 기회가 되면 그런 문화의 장을 만들고 싶은 막연한 동경과 호기심이 잠재돼 있었는지, 스스로에게 좋아하는 일이 무엇인지 물었을 때 문득 커피가 떠올랐던 것. 게다가 명예퇴직에 대한 스트레스가 없는 것이 자영업자의 가장 큰 장점이니 그 또한 마음에 들었다. 무엇보다, 정말 제대로만 하면 커피가 사업적으로 성공할 수 있는 아이템이란 확신이 들었다고.

당시 상권을 파악하고 트렌드에 대한 비전과 흐름을 잘 읽은 덕분에, 크라우드는 현재 비교적 탄탄한 원두 납품 사업을 하며 고객들로부터 깊은 신뢰를 얻고 있다. 물론 이는 하루아침에 이뤄진 것이 아니다.

잘 다니던 회사를 나와 스타벅스 파트타이머로 취직한 그는 카페 창업을 위한 캐시플로우를 비롯해 자질구레한 카페의 일들을 기초부터 습득했다. 바리스타 학원에 등록해 필요한 지식과 기술을 배웠고 유명한 개인 카페의 오너들을 만나 자신을 업그레이드하는 과정을 통해 바리스타로서의 경력을 쌓아갔다. 본질을 모르면 그 분야의 일을 완벽히 할 수 없다는 신념으로 커피의 본질을 알기 위해 부단히 애썼던 시간들. 마침내 경리단길에 누구에게나 인정받는 커피를 만들고 공급하기 위한 크라우드 커피 로스터스 1호점을 오픈했다. 이후 낮에는 손님을 맞이하고 밤에는 지하실에서 생두를 볶으며 묵묵히 자신의 결정에 최선을 다한 지 어느덧 9년이다.

한편 커피 대회나 커피 커뮤니티, 바리스타 모임 등에 잘 나타나지 않고 SNS도 거의 하지 않는 탓에 그를 아는 바리스타나 인플루언서가 그리 많지 않지만, 크라우드는 그 어느 로스터리 카페보다 내실 있고, 고품질의 커피를 꽤 많은 업장에 공급하고 있는 알짜배기 로스팅 업체라 할 수 있다. 한마디로 현실 감각과 분명한 목표 의식으로 살림 잘 하는 오너 로스터가 바로 김태원 바리스타인 것. 물질과 경제의 잣대로 보면 힘든 날과 어려운 시간들이 셀 수 없이 많지만 자신이 하고 싶은 일을 주도적으로 할 수 있음에 행복과 자부심을 느끼는 천상 커피쟁이기도 하다.

친분을 쌓는 사교 활동에는 자신이 별로 없지만 제 자리에서 신념을 가지고 할 일을 묵묵히 하는 사람들이 있다. 이름 대신 실력과 인격이 먼저 수면 위에 둥둥 뜨는 이른바 재야의 고수. 내가 아는 한 김태원 바리스타는 그런 유형의 사람이다. 겸손함과 걷고 있는 길에 대한 확신으로 하루하루를 사는 남자. 덕분에 그가 선택한 생두와 직접 로스팅한 원두, 그 원두를 베이스로 한 모든 크라우드의 커피 메뉴는 군더더기 없는 깔끔한 산미와 고소함이 공존한다.

어느 더운 여름날 직원이 내려준 크라우드의 추천 브루잉 커피를 아이스로 마신 적이 있는데, 굉장히 가볍고 물이나 차처럼 마실 수 있을 정도로 부드럽고 상쾌했었다. 그 무렵 클린컵을 강조한 바리스타들을 여러 명 만나면서 그들이 내린 커피들을 두루 마셔봤지만 크라우드의 에티오피아 아리차 G1 내추럴로 내린 핸드드립 커피가 제일 화사하고 마시기 편했던 기억이 있다. 이 밖에도 최소 4종류의 싱글 오리진 중에서 커피를 고를 수 있는 이곳에서 내가 선호하는 커피는 단연 플랫화이트. 언제나 고소함의 깊이가 남다른 잔을 내어주기 때문이다.

한편 지난겨울에 만든 쇼콜라 카푸치노의 인기가 괜찮다 하여 이번 촬영 때 처음 마셔봤다. 찬 바람 부는 날, 테이크아웃으로 마시면 부족한 당분이 보충되고 초콜릿의 진한 풍미가 미소를 머금게 하는 맛이었으며 배를 채우기에도 왠지 든든한 음료였다.

처음엔 양재동 작은 로스팅 랩이었다. 커피가 유행이 되고 카페에 사람들이 모이면서 개성 강한 카페들이 점차 증가하리라 예상했던 그는 카페보다 카페의 동력인 커피에 집중했다. 다행히 품질 좋고 가성비 좋은 원두라면 마다할 이유가 없을 거란 그의 선견지명은 통했고, 시대의 흐름도 일조했다. 그렇게 크라우드의 원두를 원하는 카페의 수가 늘어갔다. 공급처가 점점 많아지면서 자연스레 원두 사업은 기분 좋은 상승세를 탔고, 어느 순간에는 확장을 할 때가 되었음을 느꼈다. 단독주택을 개조한 카페들을 볼 때마다 부러웠던 그는 본격적으로 카페를 준비하면서 경리단길이 핫플레이스로 뜨고 있음에 주목했다. 마침 조용한 골목 어귀에 마음에 드는 건물을 발견했다. 여기에 카페와 로스팅 랩을 합쳐 리뉴얼한 것이 바로 크라우드 커피 1호점. 30년이 넘은 주택을 두 달 동안 공들여 공사했다는 김태원 바리스타는 차질 없이 진행될 수 있도록 매일매일 공사 현장에 방문했었다. 자신의 꿈이 하루하루 현실이 되어가는 순간을 목격하고 싶었다고 했다. 하필 찬 바람 쌩쌩 부는 겨울이어서 추위를 견디는 것이 가장 큰 고통이었다고. 게다가 부디 많은 사람들이 모여들었으면 하는 바람으로 카페 이름을 지었지만, 정작 오픈 당일엔 손님이 한 명도 없어 매우 조용한 하루를 보냈다는 웃지 못할 일화도 들려주었다.

"편안하면서도 세련미 넘치는 공간을 만들고 싶었어요. 손님이 커피 한 잔에 집중하기를 원했죠. 인테리어가 멋져서 오기보다는 편해서 간다는 말을 듣기를 원했던 것 같아요. 바리스타와 손님이 잘 어우러지는 카페가 가장 이상적인 것 같습니다. 사람과 사람 사이도 그렇지만 커피와 사람의 연결과 밸런스가 중요해요."

Behind Story

#1
크라우드의 브랜드 로고는 얼핏 보면 커피콩처럼 보이지만 사실 템퍼를 이미지화해서 만든 것이다. 템퍼는 에스프레소가 추출되기 직전에 바리스타가 탬핑 작업을 할 때 사용하는 도구다. 김태원 바리스타가 직접 만들어 더욱 의미가 있고 심플하면서도 표현하려는 컨셉이 담겨 매우 마음에 든다고.

#2
회사를 그만두고 자영업을 하면서 그가 가장 만족하는 점은 최고의 커피를 마시는 것도 아니고 매출이 늘어나 카페를 늘리는 것도 아닌, 원하는 시간 혹은 필요한 시간에 집으로 갈 수 있는 마음의 여유이다. 사랑하는 딸과 아내와 함께하는 시간이 세상에서 가장 행복하다는 그는 천상 가정적인 남자. 작년 아버지의 암 선고 이후 아버지를 보살피는 일도 그의 몫이다. "아버지가 뒤에서 묵묵히 응원해주셨기에 내가 여기까지 올 수 있었다. 이제는 내가 아버지를 지켜드려야 한다." 마땅히 해야 하는 일이라며 아내와 어머니 대신 아버지와 함께 항상 병원에 다니고 있다. 아버지의 쾌유를 기원한다.

#3
경리단길에 있는 크라우드 커피의 본사는 푸른색과 흰색의 조화, 한적한 골목의 조용함 때문에 무척 좋아하지만, 촬영은 대흥점에서 진행되었다. 이곳의 장점이라면 넓은 공간 중앙에 자리한 커다란 커뮤널 테이블의 자유로움, 그리고 노트북을 들고 와서도 눈치 보지 않고 일할 수 있는 독립적인 공간과 편리한 교통이다.

쇼콜라 카푸치노
CHOCOLAT CAPPUCCINO

Barista's Recipes

재료 리스트레토 2샷 / 기라델리 초코 소스 1펌프 / 기라델리 초코 파우더 15g / 바닐라시럽 15g / 카푸치노 스팀 우유

1 리스트레토 2샷을 추출한다.
2 그 위에 초코소스 1펌프와 초코파우더 15g을 섞어 희석한다.
3 마지막으로 부드러운 카푸치노 스팀 우유를 부으면 완성.

케멕스 드립커피
CHEMEX HAND-DRIP COFFEE

Barista's Recipes

재료   에티오피아 아리차 G1 내추럴 원두 18g

1. 일반 브루잉커피 입자 굵기보다 조금 더 굵게 분쇄한다.
2. 물 온도는 91℃로 맞춘다.
3. 케멕스 필터에 분쇄한 원두를 넣고 30ml의 물을 부어 40초간 뜸을 들인다.
4. 220ml의 물을 계속 붓고 1분 30초 후 10ml 더 부어주고 바이패스로 추출을 마무리한다. 총 추출시간은 2분 40~50초 정도.

The Question

Specialty Coffee

스페셜티 커피란 정확히 무엇이고 어떤 특징이 있는지?

일반적으로는 프리미엄 커피라고 통칭하기도 한다. 정확한 정의는 스페셜티커피협회(Specialty Coffee Association)에서 정한 스페셜티 기준에 따라 100점 중 80점 이상의 평가를 받는 커피에 대해 스페셜티 등급을 주고 이를 스페셜티 커피라고 한다. 스페셜티 커피는 특수하고 이상적인 기후에서 재배되며, 컵의 풍미와 맛이 독특하고 결점이 없는 것이 특징이다. 이러한 독특한 풍미와 맛은 생산지 토양 등의 엄격한 기준에 따라 분류되고 관리된다. 이상적인 기후에서 생산되는 커피인 만큼 커피의 뒷맛이 깔끔하게 떨어지는 클린컵을 갖고 있다. 이외에도 다채로운 플레이버를 지니고 있어 커피 맛의 다양한 표현이 가능하다.

카페에서 한 잔에 6천원 이상 하는 스페셜티 커피 가격이 합당한가?

단순히 소비자가격으로 환산하여 비교하기엔 어려운 부분이 있지만 커머셜 생두 대비 적게는 6배에서 많게는 100배 이상까지도 가격 차이가 크다. 따라서 커머셜 커피를 4,000원이라고 가정했을 때, 스페셜티 커피가 6,000원이라면 생두 가치 대비 판매가는 그리 비싼 편이 아니다.

스페셜티 커피는 정말 다 좋은 건가?

커피도 기호식품이므로 음식의 한 종류라고 생각하면 된다. 유기농 채소라 해서 다 맛있고 다 건강하다고는 할 수 없는 것과 같다. 따라서 내 입맛에 얼마나 맞느냐가 더 중요한 부분이 아닐까? 그러나 스페셜티 커피는 기본적으로 다양한 플레이버와 구조감, 부드러운 질감과 후미를 가지고 있기 때문에 상대적으로 선호하는 경향이 짙다. 참고로 스페셜티 커피의 대표적인 맛으로 알려진 산미는 로스팅에 따라 조절이 가능하다.

개인적으로 좋아하는 스페셜티 커피 싱글 오리진은 무엇인지?

에티오피아 내추럴 프로세싱 커피를 좋아한다. 특유의 향미를 가지고 있는데 꽃내음의 아로마와 베리류의 단맛이 풍부하다.

Writer's Comments

사실 그동안 설명도 많이 듣고 커피를 그토록 많이 마셔봤지만 커피 한 모금 마시고 이건 복숭아 맛과 사과 맛, 체리 맛과 초콜릿 맛 등 세밀한 분석은 내게 불가능한 일이다. 따라서 로스터나 바리스타가 커피의 맛을 표현할 때마다 그들이 맛을 잡아내는 미묘함과 예민함에 놀랄 때가 많다. 스페셜티 커피가 가진 깊고 오묘한 그 맛을 나는 언제쯤 알 수 있을까?

한동안 카페마다 스페셜티 커피를 팔지 않으면 안 될 것만 같았지만 현재 세계적인 추세는 또 이런 등급보다 맛 자체로 평가받으려는 움직임이 있다. 스페셜티 커피가 가격을 올리는 현상이란 지적 때문인지는 모르지만, 분명한 건 커피는 맛과 더불어 분위기, 누구와 함께하는지가 중요하지 않을까.

Info
대흥점
• 서울 마포구 백범로 71
• 02-716-0706 • 08:00~23:00(평일), 10:30~23:00(주말)
• 연중무휴
경리단점
• 서울 용산구 회나무로13가길 3-8
• 02-792-0706 • 12:00~21:00 • 월요일, 명절 당일 휴무
• INSTA @crowdcoffee_dh

메이드 바이 바리스타

1

made by Barista

Kafe Tone

카페톤

07

홍대를 기점으로 연남동, 연희동, 합정, 그리고 망원동까지 퍼진 마포구의 카페 지도는 점점 확장되고 있다. 예전에는 지하철역에서 가볍게 걸어갈 수 있는 거리였다면 지금은 중심지에서 마을버스를 타야 하거나 한참을 걸어야 나오는 맛집과 카페들이 많아졌다. 줄을 서서 기다리는 일도 다반사. 휑한 길거리에 뜬금없이 라멘집이 있기도 하고 뜬금없는 골목에 카페가 들어서기도 한다. 개인 취향도 덩달아 더욱 세밀해지고 촘촘해진 탓에 독특한 컨셉의 카페들이 계속해서 생겨나고 기발한 아이디어가 담긴 메뉴 개발에 열중하는 곳들이 적지 않다. 카페톤은 이런 트렌드에 휩쓸리지 않고 기본을 지키려는 굳건한 의지를 엿볼 수 있어서 좋아하게 되었다. 특히 마들렌과 케이크를 먹은 이후엔 망원동 주민들이 부러워지기 시작했는데, 단정하고 친절한 바리스타와 디저트 라인업, 무엇보다 카페의 이름처럼 톤이 좋고 은은한 인테리어의 느낌이 참 아늑한 카페다.

카페톤

김주현 바리스타

기본을 지키려는 데일리 카페의 진정성
1인 1커피, 1케이크 하고 싶은 카페
카페의 순기능을 위한 빈틈 없는 노력

*Barista &
Dessert maker*

      다소 좁은 커피스테이션에서 부부는 각자의 역할대로 움직이고 있었다. 김주현 바리스타는 에스프레소 머신 앞을 거의 떠나지 않았고, 디저트 담당인 아내 곽민경 씨는 주문을 받고 디저트를 포함한 트레이를 재빨리 세팅하고 있었다. 이렇게 손발이 척척 잘 맞기까지 부부는 어떤 길을 걸어왔을까?
      김주현 바리스타는 예고와 예대를 졸업한 시각디자인학과 출신으로 순수 미술을 전공했다. 이것만으로는 자신의 목표와 기대치에 이를 수 없다고 판단한 그는 상업적인 방향으로 미래를 설계하던 중 지인의 카페에서 잠시 일을 도와주게 되었다. 그곳에서 음식을 비롯한 인테리어와 서비스, 타인과의 소통에 대한 전반적인 해프닝을 보며 왠지 모르게 카페라는 공간에서 펼쳐지는 모든 일들이 자신과 맞는 느낌을 받았다고. 커피에 특별히 꽂혀 카페 사업을 결정했다기보다 카페가 가질 수 있는 콘텐츠들이 종합적으로 너무 좋았기 때문이라고 설명했다. 그는 하던 일을 당장 그만두었고 카페에서 일을 배우기 위해 커피가 맛있기로 유명했던 홍대의 커피 랩으로 무작정 찾아갔다.

"커피가 완성되기까지의 과정을 포함해 카페 안의 분위기, 공간의 이미지, 그 안을 채우는 음악과 컬러, 빛의 강약, 테이블과 의자에 앉은 사람들이 조화롭게 잘 어우러진 모습은 마치 유기적으로 작용하는 오케스트라와 같다는 생각이 들어요. 어느 것 하나 튀지 않고 은은하게 서로서로 스며들 때 놀라운 시너지를 발휘하죠. 저희는 커피와 디저트로 포인트를 주고 손님들은 그로 인해 즐거운 시간을 보내면서 상대방과의 대화를 이끌어갈 수 있다면 더 이상 바랄 것이 없어요. 이 모든 것이 하나의 작품이 되니까요."

한편 바리스타로서 그가 가장 중요하게 여기는 부분은 항상 일정한 맛을 유지하는 메뉴 퀄리티다. 그러기 위해 매일 변하는 원두의 컨디션을 살피고 추출 온도와 그라인더의 굵기, 포터 필터에 넣는 양 등을 체크한다. 바리스타라면 누구나 하는 일이지만 할 때마다 신경 쓰이는 일이라고. 더군다나 카페의 개성과 정체성까지 부여해야 하는 책임감도 강해서 작은 잔에 담긴 300ml도 안 되는 음료지만 그는 매번 최선을 다하고 있다. 이외에도 오너로서 카페를 컨트롤 하는 능력 또한 필요하다고 설명했다.

카페톤에 달콤한 에너지를 부여하고 있는 곽민경 씨의 경우, 편집디자이너로 활동했던 과거 커피는 졸음을 쫓기 위한 수단이었고, 디저트는 스트레스 해소를 위한 식단이었다. 그러던 어느 날, 건강이 나빠져 하던 일을 그만두게 되자 집에서 소일거리 삼아 홈베이킹으로 케이크와 빵을 만들었는데, 타고난 감각과 손재주 덕분인지 숨겨진 소질이 발휘되었다. 제과전문 학교를 다니지는 않았으나 남편의 적극적인 권유로 자신과 결이 맞는 디저트 고수들의 강습과 클래스를 찾아 들으며 제과 실력을 점점 키워나갔다. 많이 먹어보고 많이 만들며 터득하는 과정을 통해 자신을 업그레이드시킨 결과, 카페톤에서 디저트만 주문하는 고객들도 있을 정도. 크리스마스와 발렌타인데이 같은 기념일에는 민경 씨의 케이크를 미리 예약해야 한다.

Coffee & Desserts

　　　　　　　　　　　믿음과 신뢰로 맺어진 지인으로부터 공급받는 원두로 만드는 카페톤의 커피 메뉴. 개인적으로는 작년 겨울, 이곳의 라떼가 당시 최고의 라떼가 아니었나 싶을 만큼 정말 고소하고 달았다. 반짝거리는 윤기가 매끄럽게 흐르던 실키한 표면을 실로 오랜만에 보는 듯했고, 풍성한 밀크폼이 에스프레소 위에 찰랑거리는 비주얼이 너무나 감동적이었다. 다른 커피들은 모르겠으나 라떼만큼은 카페톤이 현재까지 내가 아는 카페 전부를 통틀어 탑5라고 말할 수 있다. 나처럼 커피가 맛있다고 칭찬하는 사람들과 매일 오는 손님들이 적지 않다고 하니 카페톤은 명실공히 망원동 데일리 카페로 자리를 잡았다고 해도 과언은 아닐 듯. 이는 메뉴를 늘리기보다 기본에 충실하자는 김주현 바리스타의 전략이 맞아떨어진 셈이랄까. 여기에 민경 씨의 세련된 고급 디저트들이 기폭제로 작용했을 것이다. 그도 그럴 것이 아침부터 저녁까지 하루 종일 케이크와 빵을 굽는다는 그녀. 남편이 심사숙고하여 고른 커피를 일일이 맛보고 계절 재료를 고려하여 자신이 맛본 커피와 가장 잘 어울리는 디저트를 만든다고 한다. 물론 어느 커피와도 궁합이 잘 맞는 구움과자는 꾸준히 제조하는 중. 한 가지 재미있는 현상은 이 커피에 이 디저트가 어울린다고 해서 모든 사람이 그 조합을 원하는 것은 아니란다. 분명 이렇게 먹으면 커피와 디저트의 균형 잡힌 맛을 음미할 수 있는데도 대부분의 손님들은 그날의 날씨와 기분에 따라 본래 좋아하는 재료가 담긴 디저트를 고르고, 늘 마시던 음료를 먹는다고 했다. 이렇듯 현실과 이상은 괴리감이 있으며 고객마다 다른 솔루션이 있음을 알려주었다. 카페톤에서 나의 취향은 라떼와 라즈베리무스케이크, 맛차케이크, 당근케이크. 어느 케이크를 먹더라도 라떼와 잘 어울렸고 커피와 케이크를 동시에 끝내는 것이 가장 좋은 방법이란 사실도 아울러 깨달았다.

색감이나 빛에 의해 정의되는 여러 가지 색상들과 분위기를 우리는 흔히 톤이라고 말하곤 한다. 예를 들어, 톤이 좋다, 톤이 어둡다는 식으로 표현하는 것. 이는 눈에 보이지 않을 수도 있고 그냥 지나칠 때도 있는데, 김주현 바리스타는 커피가 그렇다고 느꼈다. 자연스럽고 일상적인 것이었으면 하는 바람을 담아 지은 이름이 'TONE'이었고, 동일하지만 색다른 의미를 부여하기 위해 C가 아닌 K를 써서 KAFE TONE이라 지었다. 다행히 그의 희망은 현실이 된 듯하다. 화이트와 진한 우드톤의 단순한 색감을 지닌 카페는 무채색의 은은한 톤을 갖고 있으며, 눈이 오나 비가 오나 햇살이 쨍쨍하거나 미세먼지가 극심해도 언제나 편안하다. 공간이 주인공이 되기를 원치 않았기에 부부는 맛있는 커피와 케이크를 먹으러 왔다는 말에 가장 힘을 얻는다고도 말했는데, 그럼에도 이곳에서 가장 시선이 머무는 자리가 있으니, 바로 창가 쪽 바테이블과 커다란 테이블 앞에 놓인 스피커 앞자리다. 손님과 날씨에 따라 음악들을 선곡한다는 그의 세심함이 그곳으로부터 흘러나왔고, 바테이블은 혼자만의 시간을 보내기 가장 좋았다. 이토록 완벽해 보이는 카페톤이건만 아내 민경 씨의 공간이 없다는 점이 가장 큰 아쉬움으로 남는다.

Behind Story

#1

아직도 기억나는 김주현 바리스타의 토끼처럼 놀란 얼굴. 그는 내가 이곳이 궁금해서 찾아왔고 마음에 드니 취재를 하고 싶다는 제안에 잠시 망설이는 표정을 지었다. 춥고 쌀쌀한 주말 오후, 추위에 방황한 듯한 낯선 사람이 대뜸 들어와 커피를 주문한 뒤 의자에 앉지도 않고 서성이며 물어봤으니 어쩌면 당연한 반응. 다소 전투적이거나 공격적으로도 보였을 것이다. 설명을 들은 다음에야 그의 표정이 부드럽게 바뀌었고, 나 역시 온기를 받아서인지 몸이 노곤해지면서 이런저런 이야기를 자유롭게 풀 수 있었는데, 마음이 너무 흐트러졌을까? 앉을 생각도 안 하고 맛있어 보이는 마들렌을 포장해 달라는 주문을 해버리고, 정작 나올 때에는 이를 깜빡하고 그냥 나와버린 것이다. 지하철역에 들어갔을 때쯤. 김주현 바리스타는 명함에 적힌 번호로 사진을 보내주며 다음에 올 때 꼭 찾아가라는 친절한 메시지를 보내왔다. 건망증이 심한 내 자신이 원망스러웠지만 그 핑계로 카페톤에 한 번 더 가게 되었고 인터뷰는 그렇게 성사되었다.

#2

인터뷰 도중 미안하다며 김주현 바리스타는 카페에 흐르던 음악의 톤을 맞추곤 했다. 음악 소리가 너무 커서도 안 되고 작아서도 안 되는, 그 분위기에 맞는 적절한 음악이 나와야 하는데, 그렇지 않으면 수시로 뮤직리스트를 변경했다. 카페가 손님들을 위한 공간임을 명확히 보여준 모습이어서 보기 좋았다. 대충 타협하지 않는 그의 태도가 상당히 프로페셔널 했고, 손님을 생각하는 마음이나 배려가 돋보였다. 카페를 자신의 집이라고 여긴다는 그의 말을 이해할 수 있는 작은 에피소드였다.

#3

촬영과 인터뷰를 모두 종료하고 한창 책 작업에 몰두하고 있을 때, 김주현 바리스타로부터 깜짝 소식이 날아들었다. 갑작스럽지만 망원동의 지금 공간을 떠나 새로운 공간을 준비한다는 것. 부부가 함께 운영할 수 있는 공간을 꾸리는 것을 목표로 이사를 결심했다고. 카페톤이 추구하는 컨셉은 그대로 가져갈 것이고, 인테리어에는 조금 변화가 생길 예정이다. 조금 더 카페톤을 잘 설명할 수 있는 성숙한 느낌이 될 것이라고 하니 벌써부터 기대가 된다. 장소는 마포구 성산동. 2019년 6월 말~7월 정도 오픈 예정이니 기다림이 길지는 않을 것 같다.

애프터
AFTER

Barista's Recipes

재료   바닐라 시럽 4g / 리스트레토 20ml / 유기농 호박씨 오일 1~2g / 스팀 우유 적당량

1   유리잔 바닥에 바닐라 시럽을 정량 넣어준다.
2   바닐라 시럽과 섞이지 않도록 호박씨 오일을 잔 표면을 따라 천천히 부어준다.
3   리스트레토 한 잔을 유리잔에 천천히 부어준다.
4   우유에 바닐라 시럽을 넣고 스티밍한다.
5   스팀 밀크를 잔 위에 가득 담기도록 얹어 마무리한다.

너츠 크랜베리 스콘
NUTS CRANBERRY SCONES

Barista's Recipes

재료   드라이 크랜베리 60g / 럼주 적당량 / 호두 35g / 박력분 250g / 아몬드가루 50g / 베이킹파우더 10g / 설탕 60g / 차가운 발효버터 100g / 우유 70g / 생크림 60g / 소금 1g

1. 오븐은 170℃로 예열해 놓는다.
2. 드라이 크랜베리를 럼주에 넣고 30분 이상 불려준다. 호두는 팬에 구워 누린내를 잡아준다.
3. 버터는 0.8~1cm의 크기로 깍둑썰기 해주고 녹지 않도록 냉장고에 넣어 차게 보관한다.
4. 소금은 액체 재료와 함께 계량하여 미리 녹인다.
5. 넓은 베이킹 매트 위에 가루재료와 설탕을 체에 치고, 그 위에 미리 손질한 차가운 버터를 올려 놓고 잘게 다지듯이 섞는다.
6. 가운데 동그란 홈을 판 다음 액체 재료를 넣어가며 가루 재료들을 남김 없이 반죽한다.
7. 볶은 다음 식힌 호두와 크랜베리를 모두 넣고 가볍게 혼합한다.
8. 반죽을 한 덩어리로 만들고 랩으로 감싼 뒤 약 30분 동안 냉장실에 넣어둔다.
9. 냉장고에서 꺼낸 반죽을 밀대로 밀고 스크래퍼를 이용해 반을 잘라 반죽 위에 쌓는다.
10. 자른 반죽을 다른 반죽 위에 올린 뒤 눌러서 하나로 만드는데, ⑨의 과정을 3회 반복한다.
11. 반죽을 다시 랩으로 감싼 뒤 냉장고에 4~5시간 정도 넣어둔다.
12. 6조각으로 커팅한 후 윗면에 노른자 혹은 우유를 바른다.
13. 약 170℃로 예열된 오븐에 넣고 20~25분 정도 오븐 환경에 맞춰 굽는다.

The Question

Desserts

카페에 디저트가 없으면 서운할 정도가 되었는데, 맛있는 디저트란 과연 어떤 것일까?
어제보다 오늘이 조금 더 맛있다면 적어도 맛있는 디저트를 만들기 위해 고민하는 사람이 있다는 의미일 것이다. 경험상 카페의 모든 메뉴들이 다 맛있기란 굉장히 힘든 일이므로 메뉴를 대하는 만든 이의 자세가 가장 중요하지 않나 싶다. 그렇게 만들어진 케이크나 파이, 구움과자를 누군가 매일 먹고 싶다면 가장 맛있는 디저트라고 생각한다. 카페톤은 아직 우리만의 색을 만들어가는 단계라서 지금은 좋아하는 재료와 먹고 싶은 스타일 위주로 판매하고 있다. 피낭시에와 파운드케이크 등의 구움과자가 인기가 좋은 편인데, 케이크는 가급적 심플하고 섬세하게 만들고 있다.

사람들은 인기 있는 특정 디저트에만 관심이 넘친다. 이 현상에 대해 어떻게 생각하는지 궁금하다.
내가(곽민경 씨) 가장 맛있게 먹은 디저트를 소개하자면 얼마 전 베이킹 선생님이 만들어준 코코넛 다쿠아즈이다. 요즘 유행하는 크림이 잔뜩 들어가지도 않고 디자인이 화려하지도 않았지만 정말 잘 구워진 다쿠아즈 쉘과 간단한 잼 필링만으로도 선생님이 디저트를 대하는 바른 자세가 그대로 전달되었다. 유명하다는 디저트 카페 어디에서도 경험하지 못한 맛이어서 놀랐고, 나 역시 그런 자세로 디저트를 만들려고 노력한다. 유행은 정말 빠르게 흘러간다. 카페톤의 경우 인기를 얻은 재료나 방식을 도입하기보다는 만든 사람의 이야기가 더 재미있으면 좋겠다. 간혹 설명을 듣고 먹는 케이크나 빵이 더 맛있게 느껴지는 원리와 비슷하다.

Writer's Comments

파티세리를 공부했던 시절을 아무리 더듬어봐도 선생님들은 베이킹을 할 때 언제나 최고급 재료를 써야 한다고 가르치지는 않았다. 자신이 구할 수 있는 최선의 재료에서 가장 훌륭한 맛을 이끌어내는 셰프가 최고의 셰프라고는 들은 적이 있다. 상대적으로, 내가 일했던 멜버른의 유기농 베이커리 로퍼(Loafer)에서는 테마가 '유기농'이어서인지는 몰라도 재료 하나는 진심으로 최상품만을 골라 썼다. 맛도 최고였고 재료를 대하는 오너의 마음가짐도 최고였다. 결국, 테마는 오너 스스로 잡는 것이다. 대중성을 염두에 두고 가르쳐야 했던 학교의 셰프들은 여건이 되는 한 재료와 타협할 것을 알려주었고, 특화된 베이커리의 주인은 손님을 속이는 일 없이 정직한 재료로 바르게 만들어 정당한 가격을 받고 있었다. 어느 것이 옳다, 옳지 않다의 문제는 아닌 듯하지만, 분명한 사실은 맛이 없으면 아무도 사 먹지 않는다는 것이다.

개인적으로 디저트의 모양에 까다로운 편은 아니지만 카페의 플레이팅은 꼼꼼히 살펴보는 편이다. 접시가 청결한지, 디저트와 어울리는 접시와 포크를 내놓았는지 등을 보는 건 주인의 센스를 가늠하는 내 나름의 기준. 따라서, 플레이팅이 마음에 들고 맛까지 괜찮다면 그곳은 단골이 될 가능성 100%.

Info
• 서울시 마포구 성미산로 1길26
• INSTA @kafe.tone, @kafetne.bake

메이드 바이
바리스타

made by
Barista

Felt

펠트

08

펠트

김영현 · 송대웅 바리스타

커피 업계 파워 브랜드
도구로서의 커피
행복한 직원이 행복한 커피를 만드는 카페

2, 3년 전쯤. 나는 커피 자체보다 카페라는 공간에 대한 관심이 더욱 컸다. 프리랜서로 일을 했었기 때문에 이동하는 횟수가 빈번했고 일과 일 사이 시간을 카페에서 보낼 때가 많아 그랬을 것이다. 노트북을 챙겨 글을 쓰기도 했고 매장에 비치된 책이나 잡지들을 보며 다음 약속을 기다렸다. 이왕이면 커피가 훌륭한 카페에 가고 싶어서 커피 좀 안다 싶은 사람들을 만나면 요즘 어디 가냐고, 어느 곳이 괜찮은지 묻곤 했는데, 그 무렵 꽤 많은 이들이 카페 펠트를 추천해주었다. 대체로, 그 집 커피 괜찮더라, 카페가 굉장히 깔끔하더라 하는 평이었다. 그리하여 방문한 펠트. '은파피아노'라는 간판을 교체하지 않고 운영하는 작은 가게였다. 테이블도, 전원 플러그도 없는 공간. 이곳에서는 흔히 카페에서 시간을 보낼 때 쓰는 랩탑이나 스마트폰은 잠시 넣어두고 좋은 사람들과 붙어 앉아 조곤조곤 이야기를 나누게 된다.

Barista

펠트에 도착해 처음 받았던 인상적인 모습 중 하나는 커피스테이션을 지키는 단정하고 댄디한 바리스타들의 능숙한 움직임과 그들이 모두 오너처럼 보였다는 점이다. 혼자 운영하는 가게가 아니라면 오너가 누구인지 한눈에 알아보기는 힘들다. 그들은 친절했고 여유를 잃지 않았다.

그나저나 아무리 생각해봐도 그곳에서 송대웅 바리스타를 본 적은 거의 없고, 김영현 바리스타는 또렷하게 기억난다. 김영현 바리스타의 설명에 따르면 산지 방문과 대외 홍보는 거의 송대웅 바리스타의 담당이며 자신은 경기도 고양시에 있는 로스팅 공장에서 주로 원두를 체크한다고. 이들과 정환식 팀장이 펠트를 펠트답게 만들어가는 핵심 멤버들이다.

송대웅 바리스타는 13년 전, 전공 분야인 패션디자인을 떠나 순수미술을 공부하고 싶어 유학을 준비하는 동안 커피와 인연이 닿았다고 했다. 파트타이머로 처음 카페에서 일을 시작한 것. 이후 영국으로 날아간 그는 애초의 계획이 아닌 다른 것에 더 몰두했다. 학교는 뒷전이 되었고 오히려 여행과 그곳의 일상, 말 그대로 런던 생활을 즐겼다고. 관심있는 커피 클래스를 듣기도 하고 멋진 카페에서 에스프레소를 마시면서 영국 카페 문화에 푹 빠졌다. 한국으로 돌아와서 본격적으로 커피를 일로 해보면 어떨까 고민했고 커피 템플에서 경력을 쌓았다.

김영현 바리스타 역시 미술과 관계가 깊은데, 미대 입시를 준비하던 중 뉴질랜드로 홀연히 유학을 떠나 그곳에서 몇 년을 지냈다고 한다. 한국에 돌아와 군대를 다녀오니 그 다음이 문제였다. 딱히 뭘 하고 싶은 열정 없이 방황하던 그는 카페를 운영하던 어머니를 도우며 커피보다 사람들과 소통하고 교류하는 일에 점점 재미를 붙였다. 커피를 잘 알면 이야기를 더 잘 나눌 수 있을 것 같아 전문적으로 커피를 배우기로 결정했다. 바리스타학과 졸업 후엔 아는 형과 함께 카페를 열었고 직접 로스팅을 시도했다. 그러다 서서히 밀려온 딜레마와 매너리즘에 힘들어질 때쯤, 다행히 스페셜티 커피와 리브레를 만났다. 이 만남이 인생의 터닝포인트가 될 줄은 미처 몰랐지만 그곳에서 수업을 듣고 커피에 매료되었다. 카페를 정리하고 리브레에 취직해 본격적인 스페셜티 커피를 배웠다.

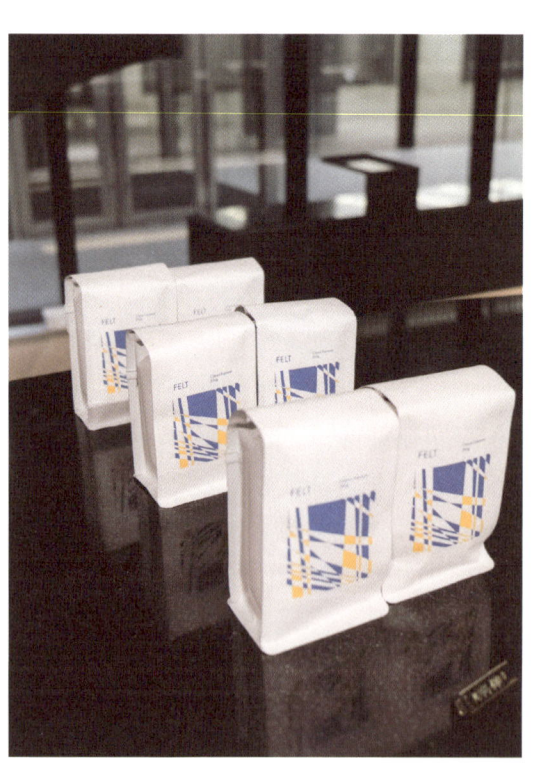

Coffee

　　　　　　　펠트는 스페셜티 커피만을 다루는 원두 회사다. 커피 농장까지 찾아가 마음에 드는 생두를 수입하는 커피 기업이 아직은 흔하지 않은 현실임을 감안할 때, 펠트 커피를 사람들이 왜 좋아하고 칭찬하는지 알 수 있는 부분이다. 더 놀라운 사실은 송대웅 바리스타나 김영현 바리스타 모두, 자신들은 커피를 그다지 좋아하지 않는다고 스스럼없이 이야기한다는 점이었다. 인터뷰를 했던 모든 오너 바리스타, 로스터들과는 전혀 다른 반응이었기에 솔직히 매우 놀랐는데, 커피가 소중하긴 해도 인생의 목표는 아니라는 설명이 이어졌다.

　　김영현 바리스타는 특히 본인이 좋아하는 커피를 하기보다 어떻게 하면 사람들이 커피를 좋아하는지에 초점을 맞춘다. 덕분에 커피의 맛을 객관적으로 낼 수 있다고. 송대웅 바리스타가 추구하는 펠트의 커피는 한쪽으로 치우치지 않은, 밸런스가 느껴지는 마시기 편한 커피. 예를 들어 과일 향도 있으면서 고소하고 달콤함이 전해지는 맛이다.

　　"커피를 통해 수익을 얻는 회사로서 구성원들의 삶을 윤택하게 만들어주고자 하는 목표가 있어요. 커피를 다루는 관점이 카페마다 다르겠지만 펠트는 이래요. 우리 회사에서는 직원들이 오래도록 즐겁게 일을 할 수 있으면 좋겠어요. 과거 바리스타는 직업으로서 인정받지 못했고 박봉에 경제적으로 힘든 날들이 더 많았는데, 그저 앞으로는 그렇지 않았으면 합니다. 그래서 개인적으로는 최저 임금이 더 올라도 된다는 입장이지만 이게 펠트라서 가능하다는 오해는 없었으면 해요."

송대웅 바리스타와 김영현 바리스타는 커피보다 맛있는 음식을 더 좋아하는 자타공인 미식가다. 원하는 것을 위해 잘할 수 있는 일을 하는 것이라고 덧붙였다. 한편 펠트는 주관적인 취향보다 대중의 취향을 최대한 고려한 커피를 선보인다고 하는데, 스페셜티 커피에 대한 생각도 들어봤다.

"이전에는 스페셜티 커피라는 것이 하나의 문화로 들어와서 개인적으로 매우 신선했어요. 이와 별개로 최근까지만 해도 산미가 있는 스페셜티 커피가 시장에서 인정받았지요. 특이하고 색다른 것이라 주목을 받았으나, 결국 시간이 흐르니 어느새 다시 단맛과 균형감을 가진 커피로 트렌드가 돌아왔어요. 여전히 거의 모든 사람들이 매일 마실 수 있는 편안한 커피를 원하고 있기 때문이지요. 그에 따라 커피 생산자들의 인식도 변하고 있습니다. 기본적으로 재료의 중요성이 부각되고 있는 거예요."

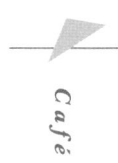

　　동갑내기인 송대웅 바리스타와 김영현 바리스타는 함께 미래를 고민하던 어느 시점에 의기투합했다. 홍대가 주된 행동반경이다 보니 위치는 홍대 근처로 못 박았다. 인테리어는 최대한 간결하게 미니멀리즘으로 정했다. 일단 돈도 별로 없긴 했지만 커피에 집중할 수 있도록 소품들도 최소화했다. 심지어 테이블도 들여놓지 않았고 커피와 곁들여 먹을 수 있는 디저트도 생략했다. 하얀색 페인트칠도 스스로 했다. 특별할 것 없는 내부 이미지와 달리 음악만큼은 도드라지게 좋은 펠트. 이름 또한 닐스 프람Nils Frahm의 펠트라는 앨범에서 가져왔으니 음악과 펠트는 유기적인 관계를 맺고 있다. 오랜 단골이 건네준 펠트 앨범은 김영현 바리스타가 기억하는 최고의 선물이다.

　　작년에는 펠트의 2호점인 광화문 디타워점이 오픈해 주변을 놀라게 했다. 이곳 역시 군더더기 없이 오직 커피와 사람이 집중되는 인테리어를 디자이너에게 요구했다. 창천동의 화이트와 정반대인 광화문의 블랙은 오래전부터 멤버들과 상의했던 컨셉이었다고. 펠트를 떠올리는 음악적인 키워드는 웅장한 스피커가 대신 말해주고 있다. 국내 어느 카페에서도 볼 수 없는 최고가의 스피커가 아닐는지.

　　그리고 최근 펠트는 도산 공원 근처에 3호점을 열었다. 광화문점의 축소판 같은 느낌이랄까. 올블랙의 웅장함이 펠트다운 느낌을 준다.

Behind Story

#1

회식이 잦고 맛있는 음식도 잘 사주는 등 직원복지 좋기로 유명한 펠트에 입사하려면 어떻게 해야 할까? 김영현 바리스타는 예비 직원을 인터뷰할 때 꼭 하는 질문 몇 개를 알려주었는데, 하나는 술과 담배를 하는가와 다음은 커피만을 사랑하는가. 각 질문에 정답은 없지만 그가 듣고 싶어 하는 답변은 있다. 술과 담배를 모두 못하는 사람이라면 재미나 흥이 없을 확률이 높기 때문에 이 중에서 하나 이상은 하는 것이 유리하고, 커피만을 사랑하는 사람은 절대로 뽑지 않는다고 귀띔했다. 세상에는 커피보다 소중한 것들이 많기 때문이며 펠트는 커피 이외에 사람과의 관계, 화합에 더 신경을 쓴다고.

#2

펠트라는 이름은 앞에서도 잠깐 이야기한 것처럼 음악 앨범의 이름이다. 김영현 바리스타가 카페 이름을 무엇으로 할지 한참 고민할 때 주변 사람들에게 메시지로 물어본 적이 있었다고 한다. 한 지인으로부터 바로 답장이 왔는데 그 이름이 펠트였고 당시에는 그냥 넘어갔다고 했다. 그런데 며칠이 지나도 그 이름이 머릿속에서 자꾸 떠올라서 결국 카페의 이름이 펠트가 되었다.

에스프레소
ESPRESSO

Barista's Recipes

재료   원두 19g

1. 포터 필터 바스켓 내부의 물기를 제거한 후 저울에 올려 영점을 잡는다.
2. 분쇄 커피 19g을 담고 탬핑한 다음 포터 필터를 그룹 헤드에 결합한다.
3. 93.4℃의 물로 10초 내외로 인퓨전 후 추출한다.
4. 총 추출시간은 34초 내외, 추출량은 40g으로 맞추면 완성.

라떼

LATTE

Barista's Recipes

재료   에스프레소 40g / 우유 250g

1 포터 필터 바스켓 내부의 물기를 제거한 후 저울에 올려 영점을 잡는다.
2 분쇄 커피 19g을 담고 탬핑한 다음 포터 필터를 그룹 헤드에 결합한다.
3 93.4℃의 물로 10초 내외로 인퓨전 후 추출한다.
4 총 추출 시간은 34초 내외, 추출량은 40g으로 맞춘다.
5 추출된 40g의 에스프레소를 약 300ml 용량의 컵에 붓는다.
6 스팀 피처에 우유를 넣고 약 55℃ 정도의 온도로 스티밍 한다.
7 스팀 밀크를 에스프레소가 들어있는 잔에 가득 찰 때까지 푸어링한다.

The Question

Communication

**카페에서 고객과의 소통은
어떻게 해야 한다고 생각하는지?**
펠트는 얼핏 보면 고객과 소통이 거의 없는 카페 중 하나이다. 손님과 말로 소통하는 것보다 손님이 좋아하는 커피를 제공하고 그들만의 시간을 갖도록 하는 것에 집중했기 때문이다. 그러다 보니 직접적인 소통이라 할만한 것이 없는데, 여기도 장점이 있다. 소통에 주력하는 카페를 보면 바리스타의 역량이 크고 그들에 의해 좌우된다. 만약 그 바리스타가 카페를 옮기면 손님들은 대부분 떠나거나 호응이 전과 같지 않게 되는 사례를 여럿 봤다. 그러나 펠트는 사람이 아닌 커피를 보고 온다. 펠트는 커피가 주인공인 브랜드로 기억되고 싶다.

**펠트는 카페에 오는 손님들이 어떤 시간을
갖길 바라는가? 그를 위해 노력하는 점이라면?**
펠트 오픈 초기 '차갑다, 불친절하다'라는 반응이 있었지만 온전히 자기만의 시간을 가질 수 있어서 좋다는 리뷰도 있었다. 펠트는 과한 친절을 자제할 뿐이지 고의로 친절을 가장하지 않는다. 음료를 주는 순간까지 노력하는 카페가 펠트다. 따라서 이곳에 오는 손님들은 그들만의 시간을 제대로 누리길 바란다.

Writer's Comments

작은 카페에 가면 바리스타와 이야기를 하고 싶을 때가 있다. 커피에 관해 물어보면 잘 설명을 해줄 것 같고 잘하면 샘플 커피도 마실 수 있을 것 같은 기대가 동시에 들기 때문이다. 큰 카페라면 상황이 다르다. 규모가 큰 만큼 사람들이 끊임없이 올 테고 바리스타는 그만큼 긴장을 풀면 안되므로 방해할 수 없다. 이것저것 궁금한 게 많아도 참거나 꼭 알고 싶을 때만 살짝 물어보는 편. 펠트 1호점은 작지도 크지도 않지만 왠지 조심스럽다. 전체가 마치 하얀 도화지 같아서 그 안에서 그림을 그려야 할 것 같은데 막상 커피를 받아 들면 아무 생각이 없어지곤 한다. 커피 한 잔으로 혼자만의 시간을 경험하는 기분이랄까?

고객과의 소통에 주력하는 카페들이 점점 많아지면서 SNS를 하지 않는 카페가 거의 없는 요즘이다. 그러나 종종 이를 카페 편의 위주로 가져가는 경우가 많은 듯해 실망할 때도 빈번하다. 가장 싫어하는 건 카페의 영업시간과 휴무를 자주 바꾸는 카페들. 덕분에 매장에 전화를 해서 확인하는 일이 습관이 되었다. 이외에도 재료가 소진되어 영업을 더 이상 하지 않는다는 공지도 올라온다. 헛걸음을 하지 않아도 되긴 한데, 인스타그램이 모든 영업장의 플랫폼이 돼버린 것 같다는 씁쓸한 생각도 없지 않다.

Info
창전점
• 서울 마포구 서강로11길 23
• 070-4108-3145 • 09:00~18:00 • 연중무휴
광화문 디타워점
• 서울 종로구 종로3길 17 디타워 리플레이스 광화문 로비층 (BF2) • 02-2251-8010
• 07:00~20:00(평일) • 11:00~19:00(주말) • 연중무휴
도산공원점
• 서울 강남구 언주로164길 23
• 11:00~20:00 • 연중무휴
• INSTA @felt_seoul

메이드 바이
바리스타

made by
Barista

Mesh

메쉬

메쉬

김기훈 · 김현섭 바리스타

유쾌한 바리스타의 일상
돈 보다 즐겁게 일하는 것이 더 중요
소중한 인연을 만들어주는 커피 알고리즘

카페는 널렸지만 맛있는 커피 찾기는 쉽지 않은 요즘. 우유 넣고 시럽 넣고 크림 올리는 달고 맛있는 커피도 상관없다면 모를까, 그렇지 않고서는 커피 좀 아는 사람들의 도움이 필요할 때가 있다. 나에게도 신뢰하는 몇몇 전문가들이 있는데, 그들이 3년 전쯤 입을 모아 추천한 성수동 메쉬. 나와 취향이나 입맛이 비슷한 누군가가 좋아하는 곳이라면 나도 분명 그럴 거란 믿음이 있었기에, 단숨에 달려갔다. 서울숲과도 가까워 만약 마음에 들지 않으면 숲길 주변에 즐비한 다른 카페를 가든, 주변을 산책하든 하면 될 일이었다. 아무튼 인적 드문 거리에 위치한 메쉬에 도착하니, 작은 공간이 사람들로 북적였다. 다닥다닥 붙은 자리였지만 커피잔을 놓고 마실 정도는 되어 서둘러 앉아 곧장 라떼를 주문했다. 따뜻하고 고소하며 달콤한 라떼의 맛. 웅성거리는 사람들의 이야기 소리에 왠지 향기가 나는 듯 느껴졌다.

Barista

    메쉬의 날실과 씨실 같은 존재 김기훈, 김현섭 바리스타. 이름도 비슷한 이들은 용인의 한 카페에서 처음 만났다. 각자의 동기와 목적은 달랐으나 직장 선후배에서 사업 파트너로 긴 인연을 이어오고 있는 이들. 어떤 이유로 커피에 매료되었을까?

    김기훈 바리스타의 대답은 명료했다. 커피를 매개로 좋은 사람들을 많이 만날 수 있고, 개인적인 시간을 내기가 상대적으로 수월해서다. 하지만 이는 어느 정도 시간이 지나

알게 된 장점들. 그는 원래 컴퓨터정보공학과를 전공한 대학생이었다. 군대에 있는 동안 갑자기 디자인이 하고 싶어져 제대 후 1년 동안 그림만 열심히 그리며 준비했단다. 아쉽게도 갈망하던 미대는 다 떨어졌고 대안으로 디지털콘텐츠학과에 들어갔다. 졸업 직전에는 입시 준비를 했던 미술학원에서 실장 보조 업무와 인테리어 아르바이트를 우연히 하게 되었는데 벌이는 괜찮았어도 계속할 수는 없었다. 그러던 중 어머니의 권유로 바리스타란 직업에 관심이 생겼고, 집 근처 카페에서 파트타이머로 일을 시작했다. 그때 만난 사람이 바로 김현섭 바리스타. 김기훈 바리스타보다 먼저 업계에 발을 들여놓은 그는 동료와 후배의 개인적인 고민을 들어주고 상담해주며 커피를 함께 공부하는 친구이자 멘토였다.

김현섭 바리스타의 경우 대학 시절, 학교 후문에 한 평도 안 되는 카페가 생기자 그곳에 사람들이 줄을 서서 커피를 기다리는 광경을 목격했다. 그중에는 외국인 교수도 있었지만 학생들이 대부분이었다. 30대 중반의 말쑥한 바리스타가 매일 흰색 와이셔츠를 입고 호객을 했는데, 호기심에 메뉴를 슬쩍 봤더니 에스프레소가 당시 1,200원으로 가장 저렴해 눈길을 끌었다. 설탕 3스푼을 넣고 쓰디쓴 에스프레소를 처음 마신 그는, 달콤쌉쌀한 것이 심장을 두근거리게 하고 기분까지 굉장히 좋아져 몹시 놀랐다. 그 후 묘한 매력을 가진 에스프레소를 마시기 시작했고, 출출할 땐 카푸치노를 마셨다. 계속 마시다 보니 커피가 좋아졌고 주머니 사정을 고려해 모카포트를 구매했다. 일리 원두를 내려 마시니 웬만한 카페보다 더 맛있는 커피도 맛볼 수 있었다.

졸업 후에 딱히 취업 준비를 하지 않고 있다가 카페 아띠지아노에 들어가 현장 경험을 쌓았다. 그 무렵 핸드드립을 알게 되었고, 손으로 내리는 추출법에 관심이 쏠려 핸드드립 전문 카페로 이직을 했다. 커피 선생님들을 찾아가 물어보는 식으로 터득하고 선배들과도 함께 공부하며 드립의 묘미를 익혔다. 최근에는 메쉬의 커피 이야기를 담은 『오 예! 스페셜티 커피』를 출간해 많은 사랑을 받았다.

김기훈 바리스타와 김현섭 바리스타는 모두 친구처럼 편안한 바리스타를 꿈꾼다. 좋은 커피를 소개하는 것이 로스터이자 바리스타의 의무라고 생각하는 이들은, 일상의 휴식이 필요해 카페를 찾는 손님을 위해 맛과 분위기로 느끼는 맛있는 데일리 커피를 만들고 있다.

Coffee

　　　　　　메쉬 커피는 커피마니아들 사이에서도 인지도가 매우 높다. 그러니 굳이 맛을 이야기하기보다 취향을 따지는 것이 맞을 듯싶다. 고민하고 연구하는 바리스타와 로스터가 알콩달콩 꾸려가는 정감 있는 카페가 제안하는 커피라면, 어느 메뉴를 고르더라도 맛과 개성이 살아있을 테니까. 내 경우엔 어디에서건 라떼를 주로 마시는 편이지만 간혹 홀리데이 모카와 같은 시즌 메뉴나 커피 셰이크, 맛차 라떼 등의 배리에이션도 즐겨 마신다.

　특히 에스프레소 베이스라면 싱글 오리진과 블랜드 원두 중에서 고를 수 있는 점 또한 마음에 드는데 종이나 보드의 메뉴판 대신 검정색 종이테이프 위에 손으로 적은 커피 메뉴들도 위트 넘친다.

　김기훈 바리스타가 맛을 중요하게 생각하는 바리스타의 마인드라면, 김현섭 바리스타는 생두 구매 시 클린컵에 신경을 쓰는 로스터의 마인드랄까? 그는 깨끗하지 않은 커피는 아무리 화려해도 절대 구매하지 않는다고 설명했다. 오히려 맛이 단순해도 클린컵이 좋다면 구매하고, 로스팅이나 추출에서 커피에 어느 결점도 없음을 확인한 다음 커피의 캐릭터를 본다. 새콤달콤 혹은 달콤새콤한, 재미있는 균형을 만드는 것을 중요하게 생각하는 이들이다.

　또한 가족처럼 매일 보는 커피가 사람 같다는 그의 표현을 빌리자면, 1년에 한두 번 온몸에 전율이 느껴지는 커피를 만날 때마다 쉽게 사랑에 빠져버리는 바람에 가격이 아무리 비싸도 그냥 사버린단다. 본능이 이성을 이기는 순간을 만끽할 수 있는 그가 참으로 부러운 대목이다.

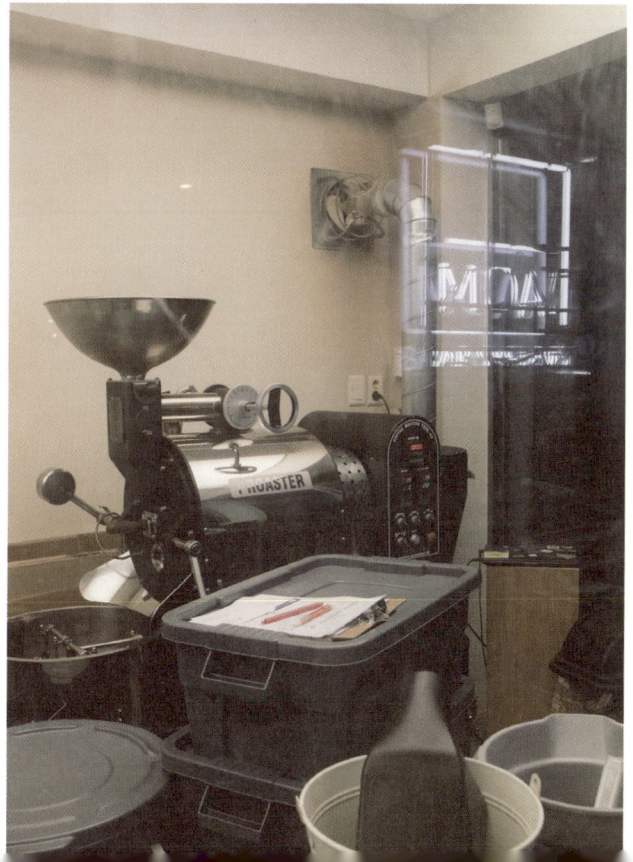

　　　　　　　　　　이곳은 아주 작은 공간이 아니지만 로스팅 공간에 커다란 기계가 놓여 있어서인지 협소하다. 그럼에도 어찌어찌 사람들이 옹기종기 앉아 커피를 마시고 서로 대화를 나누는 모습을 보면 신기할 때가 종종 있다고. 날씨가 좋으면 밖에 벤치를 두는데 추운 겨울을 제외하면 대부분 문을 열어 놓는다. 그래도 비좁은 카페를 불평하는 손님은 아무도 없다. 좁아도 커피 맛 좋고 원두 잘 볶아주면 그만이란 손님들이 이곳에 오기 때문이다. 자연의 법칙은 때론 마술과도 같아 김현섭 바리스타나 김기훈 바리스타와 비슷한 성향을 가진 예술가, 바리스타, 디자이너 같은 창의적인 사람들이 단골이다. 참고로 인터뷰 촬영을 하던 날, 새로운 소식을 확인할 수 있었는데 다름 아닌 같은 건물 지하에 지금의 3배 정도의 공간이 생긴다고. 카페로 운영하지는 않을 것이고 이벤트나 워크숍, 커핑과 같은 행사에 활용될 거라며 귀띔해주었다.

　　그나저나 동네가 너무 좋아서 이곳을 떠날 생각이 없다는 이들은 근처에 부동산을 보러 다니는 사모님과 업자들만 늘고 실질적인 손님의 유입은 거의 없어서 걱정이다.

　　덧붙여 매 순간이 힘들고 위기처럼 다가와도 아직 생두를 볶고 커피를 팔고 있음에 감사하다고. 하고 싶은 걸 다 하는데도 안 망해서 행복하단다.

　　참고로 이들이 가장 보람 있었던 경험을 꼽자면 도쿄커피페스티벌 출점이다. 이런 기회 다시는 없을 거라며 심기일전해 도쿄 한복판에서 일본인들에게 커피를 판 일이 가장 짜릿했다고 회상했다.

Behind Story

#1

직장인보다 더 일찍 퇴근하는 메쉬의 사장님들. 일찍 문을 여는 대신 일찍 문을 닫는 건 외국 카페에서는 흔한 일이지만, 메쉬는 계속 영업시간을 단축하고 있다. 개인 시간도 커피만큼 소중하고 다른 일들에도 관심이 높기 때문이다. 커피보다 아내를 더 사랑한다는 김현섭 바리스타는 두 아이의 아빠로 퇴근한 후 집에서 아이들과 노는 게 세상에서 가장 좋다고 한다. 김기훈 바리스타 역시 취미생활로 바쁘다. 진심으로 자유롭게 출퇴근 시간을 정하는 그들이 부럽고, 돈 보다 더 의미 있는 일을 찾는 마음의 여유에는 경의를 표한다.

#2

커피사전을 찾아보면 'mesh'는 에스프레소 세팅을 잡을 때 사용되는 용어다. 에스프레소의 그라인더 분쇄도를 맞추는 과정을 '메쉬 잡는다'라고 한다. 바리스타가 하루 종일 신경 쓰는 작업이기도 하고, 이 부분이 잘못 되면 스트레스가 이만 저만이 아니라고. 커피와 관련된 단어로 가게 이름을 정하려고 했을 때 다행히 동일한 이름의 카페가 없었다. 발음도 허쉬 초콜릿처럼 기억하기 쉽고 매끄러웠다. 입에서 착 감기는 느낌도 있었고 폰트도 왠지 마음에 들어, 메쉬라고 결정했다. 메쉬의 검정색 마름모 로고는 메쉬 이전에 아티스틱 커피듀오라는 팀을 할 때의 로고가 검정색 역삼각형이었고 그 아래 삼각형 하나를 더 붙인 것이라고. 별 의미 없이 그냥 예뻐서 만들었다.

#3

단골 손님을 소재로 메뉴 만드는 일을 좋아하는 김현섭 바리스타. 그 사람의 취향이나 평소에 받은 이미지를 바탕으로 그 손님이 좋아할 만한 메뉴를 가끔 창작물로 내놓는데, 그렇게 만들면 이상하게 다른 사람들로부터 인기가 좋다고 한다. 메쉬의 유일한 시그니처인 '커피셰이크'는 SES의 바다가 메쉬의 단골이 되면서 그녀와 이야기를 주고 받다가 아이디어가 떠올라 만든 메뉴. 아이스로만 제공되는 커피로 부드럽게 넘어가는 커피의 유연함이 느껴진다.

홀리데이 모카
HOLIDAY MOCCA

Barista's Recipes

재료   에스프레소 1 샷 / 연유 10ml / 초콜릿 베이스(초콜릿 10g - 〈피초코〉 베네수엘라 Sur del Largo 70%, 설탕 1g, 우유 120ml) / 생크림 50ml / 연유 3ml / 홀리데이 스파이스(시나몬 스틱 1개, 스타아니스 2개, 커리앤더 시드 10알, 카다멈 10알, 후추 5알, 초코 파우더 1큰술)

1   먼저 홀리데이 스파이스를 만든다. 재료를 모두 막자 사발에 넣고 곱게 갈아 준비한다.
2   쉐이커에 생크림과 연유를 넣고 10~15초 동안 쉐이킹한다.
3   샷글라스에 에스프레소를 추출하고 연유를 넣어 잘 섞는다.
4   초콜릿 베이스를 만들기 위해 스팀 피처에 우유를 넣고 스티밍한다.
5   스팀 밀크에 다크 초콜릿 설탕을 넣고 잘 녹을 때까지 핸드블렌더로 섞는다.
6   유리잔에 에스프레소와 연유를 잘 섞고 초콜릿 베이스를 넣는다.
7   음료 위에 쉐이킹한 생크림을 스푼을 사용해 층을 만들어 올린다.
8   향신료 파우더를 고운 채에 걸러 뿌려 장식한다.

카페 봄봄
CAFE BOMBON

Barista's Recipes

재료　에스프레소 2샷/ 연유 35g

1　투명한 유리잔에 연유 35g을 넣는다.
2　준비된 잔 위로 에스프레소를 받아 커피와 연유가 층지게 한다.
3　저어 마실 수 있도록 스푼을 함께 준비한다.

The Question

Coffee Community

외국의 카페들을 보면 각각의 문화가 자리 잡은 듯하다. 메쉬는 상대적으로 커피 업계에서 다양한 활동을 하고 있는데, 그들과 비교해 어떤 느낌이 드는지 궁금하다.

예전에는 외국의 커피 문화가 정말 부러웠다. 커피가 일상이 된 곳들이라 아침 일찍 커피 마시기 위해 카페에 가고, 하루에도 몇 차례 다시 가기도 하니까. 단 커피가 아닌 에스프레소를 마시는 손님도 많은 것 같고 북유럽엔 라이트 로스팅한 새콤달콤한 커피를 즐기는 손님들도 있으니 참 다양해서 좋겠다 싶었다. 그런데 지금까지 다양한 커피 문화를 경험해보니, 나라마다 각각의 다른 문화가 있다는 생각이 들었다. 사실 부러워하기만 했던 외국 커피 문화를 한국 실정에 맞춘다면, 거의 환상에 가까운 것이나 다름없을 것이다. 그리고 막상 가봤더니 그렇게 아름답지만은 않더라. 현지 바리스타들을 만나 대화를 했을 때에도 알게 모르게 힘든 부분이 동일했고, 우리 눈에 좋아 보였던 부분이 오히려 그들의 고민이란 점을 듣고 깜짝 놀랐다. 오히려 한국의 커피 문화를 부러워했다. 결론은 바리스타로 먹고살기는 전 세계적으로 힘들다는 것이다.

커피와 관련된 행사를 자주 기획하는 것 같다. 어떤 것들이 있었는지?

사람들을 모으는 것을 좋아하는 편이다. 매장이 한가할 땐 좁은 가게에서 동네 사람들과 가끔 모여 깜짝 파티도 자주 했다. 이벤트 역시 같은 맥락이다. 다만 주제가 술이 아닌 커피라는 것뿐. 우리만 즐기지 말고 같이 놀자는 의미로 확장된 게 자잘한 커피 행사였다. 커피 때문에 워낙 외국에 자주 나가다 보니, 다녀온 도시의 커피를 사람들에게 게스트빈으로 내리곤 했는데, 이 생각을 발전시킨 것들이 '도쿄커피위켄드', '교토커피위켄드', '코펜하겐의 겨울' 등이었다.

그러던 어느 날, 도쿄커피페스티벌을 보고 와서 서울에서도 하고 싶은 욕심이 생겼다. 카페 근처 사회적 기업을 설득해서 '커셈블리'라는 5팀만 참여하는 원데이 미니 페스티벌을 기획했다. 큰 수익이 생긴 건 아니었으나 참여한 사람들 모두 너무 즐거워했고 또 하면 안 되냐는 이야기들을 했다. 그래서 이후에 '커피위켄드어반'이라고 다시 한번 작은 규모의 행사를 준비했다.

2018년 카페쇼에서 로비에 커피앨리를 만든다고 했을 때 메쉬가 약간의 도움을 주기도 했는데, 커피 행사를 하면 좋은 건 소비자들과 바리스타가 편하게 만날 수 있다는 사실이다. 몰랐던 사람들을 만나기도 하고 참가업체들끼리도 친해지는 등 우리 입장에서는 흥미롭다. 동지를 만난 느낌이랄까? 여하간 노는 것을 워낙 좋아해서 행사는 계속할 것 같다.

어떤 커피 커뮤니티를 만들고 싶은지?

사람들이 커피를 쉽고 재미있게 생각했으면 좋겠다. 우리가 책을 쓰고 나서 커피에 대한 관점이 많이 바뀌었는데, 전에는 제일 잘하고 싶고 완벽한 커피를 내리고 싶은 욕심이 앞섰다면 지금은 꼭 그렇지 않아졌다. 쉬운 게 좋고, 사람들이 좋아하는 것을 하는 게 맞다는 생각이 강해졌다. 커피를 시작한 지 시간이 꽤 지나도 여전히 어렵다. 그만큼 보통 사람들과 거리가 생긴 게 아닐까 생각했다. 그래서 그 간극을 좁히는 게 목표가 되었다. 커피 커뮤니티를 만든다면 더 많은 사람들에게 편히 다가가고 싶다.

Writer's Comments

호주에서 경험한 커피 커뮤니티라면 작은 카페에서 진행했던 퍼블릭 커핑이었다. 당시 단골 카페를 드나들며 눈 여겨 보다가 용기를 내어 문의를 했는데, 5시 이후 문을 닫으면 그 때부터 참가한 사람들과 함께 커핑을 한다고 했다. 지금 기억나는 건 테이블 위에 놓인 커피들을 마시며 그냥 자유롭게 이야기한 게 전부였다. 그런 게 커핑이란 것도 몰랐던 당시로서는 신선한 충격이자 색다른 이벤트여서 너무 즐거웠다. 대략 30~40분 정도의 짧은 세션이었고 그 뒤로도 몇 번 더 참가했었다. 처음엔 퍼블릭 커핑에 대한 단순한 호기심이었다가 점점 기호에 따라 마시는 커피에 대한 의미를 뒤돌아 볼 수 있어서 나름 유익한 시간이기도 했다.

요즘은 한국에서도 퍼블릭 커핑을 실시하는 카페들을 종종 보곤 한다. 돈을 내는 곳도 있고 무료로 할 수 있는 카페도 있다. 유형과 방식이 어떻든 한 번 쯤은 참가해봐도 좋을 듯. 어찌됐건, 카페쇼와 같은 박람회나 세미나 등도 상관 없다. 어찌됐건, 매일 마시는 커피를 다른 시각으로 만날 수 있는 기회가 많아진 건 분명 반가운 현상이다.

나는 종종 친한 친구들을 집으로 불러 다과와 함께 맛있는 원두를 직접 내리기도 한다. 향긋하고 따뜻한 커피를 마시며 디저트를 즐기다 보면 스트레스도 풀리고 한 주의 걱정이 조금은 해소된다고 할까? 그 순간 커피를 알고 모르고는 그리 중요하지 않다. 커뮤니티란 결국, 마음이 맞는 사람들이 모여 그들의 취향을 공유하고 즐거움을 찾는 것이니까.

Info
- 서울 성동구 서울숲길 43
- 02-464-7078 • 08:30~17:00(평일), 10:00~16:00(주말)
- 공휴일 휴무
- INSTA @meshcoffee

메이드 바이 바리스타

made by Barista

5 Lawns 7:04

랸스

10

롼스

김필훈 · 배만준 바리스타

커피만 생각하는 두 남자의 공간
점진적인 성장, 로스터리 카페를 꿈꾸며
공간에 한 번, 커피에 두 번 반하다

새로운 카페들이 생겨나는 속도만큼 내 체력도 빠르게 재생되면 좋겠으나 그렇지 못할 때가 더 많다. 그렇지만 종종 기력을 끌어 모아서라도 가고 싶은 곳들이 있는데, 카레 롼스가 그런 곳이었다. SNS의 현란한 이미지들에 이끌려 파도타기를 하다 발견한 곳. 이름부터 공간까지 호기심과 궁금증을 자극하는 카페였다. 처음 찾아갈 때는 조금 헤매서 온몸이 땀으로 범벅이 된 탓에, 카페에 들어서자마자 아이스라떼 한 잔을 주문했다. 고소하고 시원한 라떼 한 잔을 들이키니 그제서야 공간이 눈에 들어왔다. 그리고 공간을 지키고 있는 두 청년도.

Barista

란스를 함께 꾸려가고 있는 김필훈, 배만준 바리스타는 과거 직장 선후배 사이였다. 여전히 성업 중인 오금동 프로퍼 커피바에서 만난 이들은 커피에 관한 이야기와 정보를 나누며, 자신들의 취향이 사뭇 잘 어울린다고 느꼈다.

김필훈 바리스타는 대학을 졸업하고 구직을 하면서 카페에서 아르바이트를 했다. 카페 오너 중에서는 아르바이트로 처음 커피와 인연을 맺은 사람이 적지 않은데 그 역시 그랬다. 프로퍼 커피바에서 일하며 스페셜티 커피에 관해 알게 되었고 이에 매료되어 바리스타가 되기로 결심했다.

배만준 바리스타는 피아노를 전공했다. 그에게 카페란 그저 약속 장소일 뿐이었고 커피는 사람들과 만날 때 마시는 음료에 불과했다. 직장이나 생업의 도구로는 상상해본 적이 없었다가 외삼촌과 함께 떠난 스페인 여행에서 생각이 완전 바뀌었다. 하루 종일 걷기만 하던 그 여행에서 한 번씩 카페에 들러 카푸치노를 마실 때마다 여유와 휴식, 편안함과 느긋함을 마주했다. 그 기분을 잊을 수가 없었다고. 그리하여 귀국 후 바로 프랜차이즈 카페에 입사해 커피를 배웠고 얼마 뒤 프로퍼 커피바에 입사했다.

흥미로운 건, 그들은 나름대로 인터넷으로 커피 관련 소스를 공부하며 주변 바리스타와 연구와 의논을 통해 서로를 성장시켰다는 점이다. 예를 들어 유튜브 영상으로 바리스타챔피언십을 감상했고 각종 커피 메뉴 시연을 시청했다. 스페셜티 커피에 관한 궁금증을 온라인으로 검색해 풀어내는 등, 과거 커피를 배우던 1세대 바리스타들과는 조금 다른, 더욱 확장된 방법으로 커피를 이해했다.

하지만 이상적인 바리스타로서 원하는 꿈은 완벽한 오프라인의 것. 김필훈 바리스타의 경우 멈추지 않고 커피를 끊임 없이 탐구하고 싶다고 한다. 로스팅에도 관심이 있어 란스의 미래는 아마도 로스터리 카페가 아닐까싶다. 배만준 바리스타는 가장 맛있는 커피를 만들기 위한 긴장감을 스스로 놓지 않고 컨디션을 잘 조절하는 바리스타가 되는 것이 목표다. 체력적으로도 정신적으로도 고갈되거나 매너리즘에 빠질 수 있는 일이라 한 순간이라도 심신을 놓아버리면 몹시 괴로워지는 경험을 해봤기 때문이다.

Coffee

　　　　　　나는 언젠가 롼스만의 멋진 하우스 블랜딩을 기대하는 손님이기도 한데, 롼스는 현재 로스팅 컴퍼니 나무사이로의 원두를 사용하고 있다. 물론 자신들이 좋아하는 뉘앙스의 커피 원두를 선택해 오롯이 싱글 오리진으로 커피를 내리고 에스프레소를 뽑아낸다. 커피를 카멜레온이라고 표현한 김필훈 바리스타와 배만준 바리스타에 따르면, 어느 날은 아무것도 하지 않았는데도 맛이 정말 좋고 또 어떤 날은 열심히 에스프레소 세팅을 해도 맛이 잡히지 않는다고. 특정 캐릭터만 돋보이고 원하는 밸런스가 나오지 않을 땐 아직도 갈 길이 멀었음을 느낀단다. 커피란 그렇기 때문에 더 매력적이며, 그래서 더 오래 할 수 있는 종목이란 점도 장점이라면 장점.

　　누가 마셔도 맛있는 커피를 만들기 위해 매일, 틈날 때마다 맛을 보고 세팅한다는 롼스의 두 남자. 이곳을 방문할 때마다 거의 라떼를 마시는 편이지만 종종 콘파냐든가 아인슈페너, 혹은 손으로 내리는 핸드브루를 마셔보고 싶기도 하다.

　　한편 일본여행 중에서 받은 영감으로 만들었다는 슈거라떼와 커피젤리는 적당히 달콤하고 고소해서 추운 겨울이나 선선한 아침에 마시면 기분 좋게 하루를 시작할 수 있을 듯한 인상을 받았다. 커피젤리는 특히나 감미롭고, 슈거라떼는 롼스의 디저트와도 몹시 잘 어울리는 맛이다.

론스를 찾아오는 손님들 중에는 종종 길을 헤매는 사람들이 있다. 그럴 때면 왠지 안타깝지만 지금의 카페 위치가 너무나 좋다. 놀이터를 마주보고 있는 건물은 아이들의 웃음소리가 들리고, 동네 고양이들이 자주 오며, 사람들의 왕래가 많지 않아 조용하다. 주말이면 인구가 급증하는 송리단길과도 그리 멀지 않고 지하철역에서도 가까울뿐더러 자신들의 집과도 근접해 있어, 이 정도면 최상의 접점이다. 그렇게 론스의 정적인 시간이 훌쩍 흘렀다.

카페를 처음 오픈했을 때 말할 수 없이 기뻤다는 두 바리스타. 외부는 독특해 보이게 포장하고 내부는 편안한 분위기를 내고 싶었는데 상상했던 그대로의 디자인으로 완공되었다. 마지막으로 커피 머신이 들어왔을 때 서로 마주 보며 흐뭇하게 웃었던 순간은 절대 잊지 못할 것이라고. 밝은 원목의 벤치와 벽돌 느낌의 바닥, 검은색 커피스테이션과 멋진 음악이 하나로 이뤄진 공간이 눈 앞에 펼쳐진 것이다.

심플한 정체성을 보여주길 원했던 그들은 그곳에서 매일 새로운 손님을 맞이하고 있다. 바에서 일하는 자신들이 가장 중요한 카페의 존재임을 알고 있기에 커피를 대하는 태도라든가 사람들을 응대하는 마음가짐에 최선을 다하려고 한다. 커피 맛도 중요하지만 전체적인 분위기를 기억하는 이들이 더 많아서다. 자신들이 다른 카페에서 느꼈던 점을 그대로 적용하려는 것. 론스의 빛나는 노력 덕분이다.

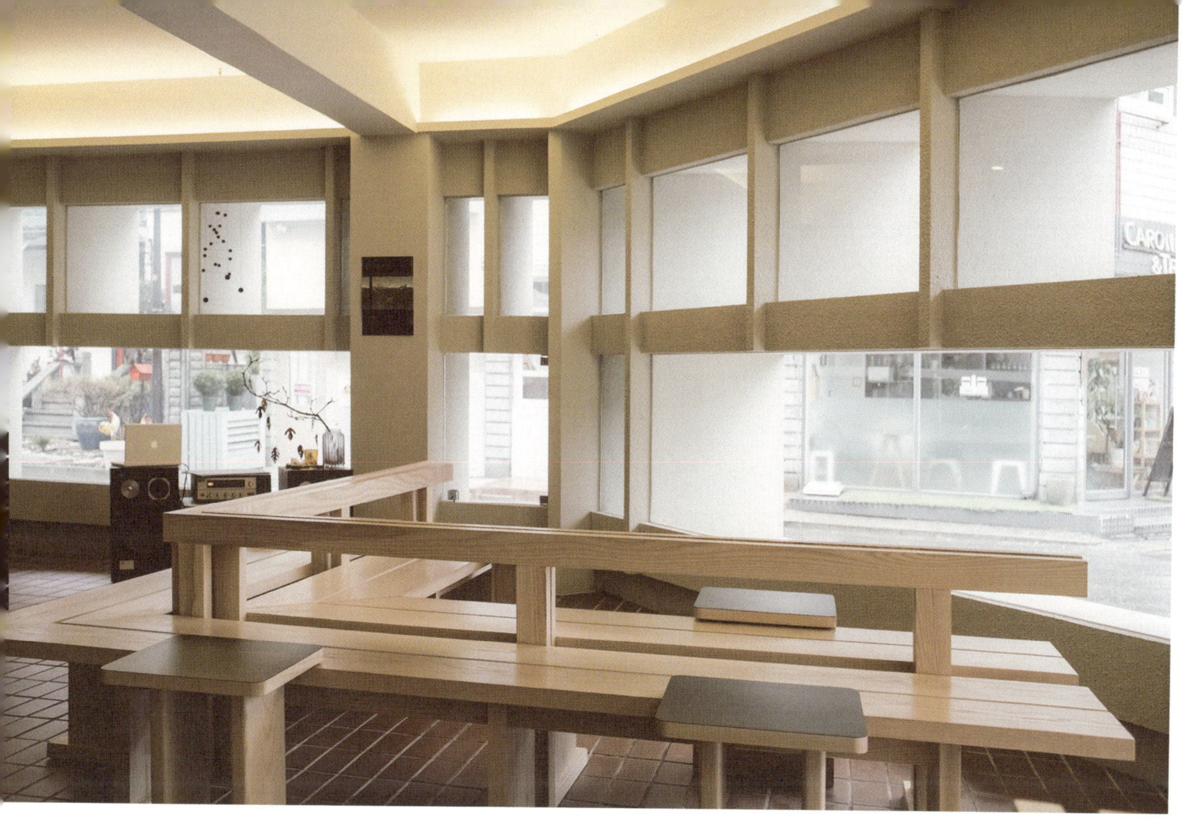

VAN ABBEMUSEUM
EINDHOVEN
CHAGALL
DUCHAMP
KANDINSKY
YVES KLEIN
MONDRIAAN
MOHOLY NAGY
PICASSO
f273969,-

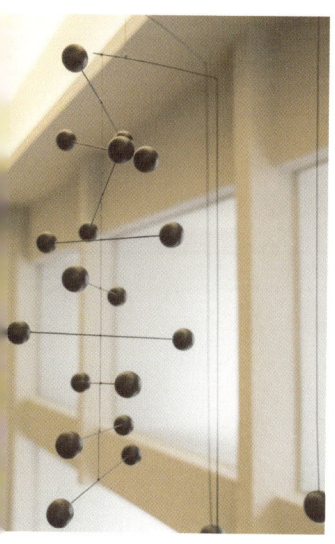

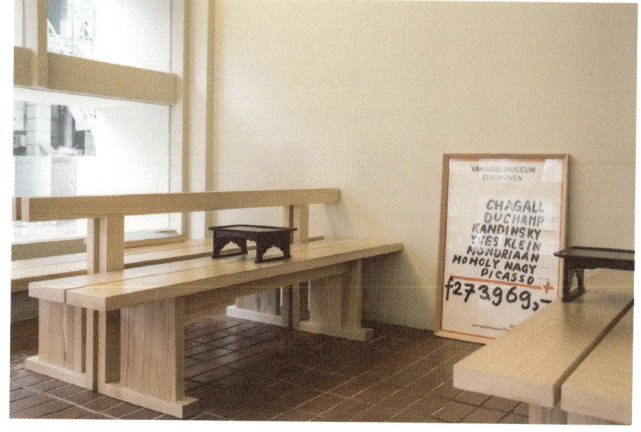

Behind Story

#1

룬스에서는 음악에 귀를 기울이게 된다. 촬영 당일 마침 비가 오는 이른 오전이었는데, 지금 분위기에 어울리는 곡으로 틀어달라고 요청하자 김필훈 바리스타가 주저 없이 음반을 골라주었다. 선곡에 능숙하고 자연스럽게 음악을 틀어주는 일련의 모습이 꽤나 멋지고 유연했다. 배만준 바리스타 역시 카페의 분위기에 따라 음악을 고른다고. 재즈와 클래식을 좋아해서 자신들이 공통적으로 좋아하는 곡으로 카페 이름을 지었다. 풀네임은 '5 Lawns 7:04' 거의 아무도 이곳의 정식 이름을 불러주지는 않지만 룬스를 좋아하는 이들이라면 이 이 이름이 칼라 블레이(Carla Bley)의 앨범 〈Sextet〉과 그 앨범의 5번 트랙 'Lawns'임은 알아두면 좋을 듯. 재즈에 관심이 많다면 들어볼 만한 대가의 명곡이다.

#2

시간과 여유가 되면 일본으로 카페 여행을 떠난다는 두 바리스타. 최근에는 교토에 다녀왔다. 오픈 전에는 도쿄에서 3박4일을 머무르며 거의 쉬지 않고 매일 걷고 카페를 가고 그곳에서 커피를 마시고 오픈 준비를 위한 모든 것을 걱정하며 계획했다고. 그래서인지 룬스는 얼핏 동경의 뒷골목에서 볼 수 있는 카페처럼 느껴진다. 모던함과 고전미가 흐르는 야릇한 분위기가 이곳, 룬스에서 감지되기 때문이다. 햇살 좋은 낮에는 카페 밖의 구조물에 앉아 커피를 마실 수 있고 비가 오면 감미로운 음악과 더불어 분리된 창문 틀 너머 세상 밖을 구경하는 재미가 있다.

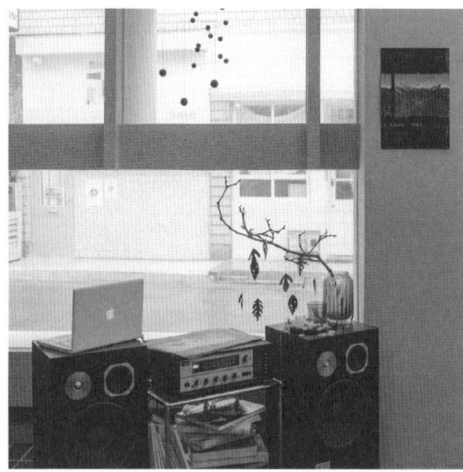

슈거라떼

SUGAR LATTE

Barista's Recipes

재료
코코넛슈거 시럽
/ 에스프레소 2샷
/ 우유 150ml

1. 코코넛슈거를 적절한 비율로 물과 희석시켜 시럽을 만든다. 이때, 물과 코코넛슈거의 비율은 1:2.
2. 잔에 얼음을 넣고 우유를 넣은 뒤 코코넛슈거 시럽을 천천히 두른다.
3. 추출한 에스프레소를 얼음 위에 천천히 부어주면 완성.

커피젤리
COFFEE JELLY

Barista's Recipes

재료

젤리 5잔 기준
젤라틴 8g
/ 물 200g

1잔 세팅
콜드브루 70g
/ 아이스크림 1스쿱
/ 우유 12g

1 젤라틴을 뜨거운 물에 녹인다. 이때, 젤라틴과 물의 비율은 0.25:1. 잔에 눌러 붙지 않도록 잘 저어준다.
2 젤라틴이 다 녹으면, 콜드브루를 넣어 희석시킨다.
3 이를 냉장고에서 1시간 이상 넣고 굳힌다.
4 다 굳어진 콜드브루 위에 바닐라 아이스크림 한 스쿱을 올린다.
5 우유를 조금 부어서 제공한다.

The Question

Music

카페에서 음악이 차지하는 비중은 생각보다 높은데, 롼스는 이 부분에 대해 어떻게 생각하는지?
분명 카페에서 음악이 중요하지만 전부라고 생각하지는 않는다. 커피를 비롯해 공간도 절대적으로 감각적이어야 하고, 여기에 음악과 사람이 적절하게 어우러지는 모습이 더 중요한 것 같다. 이를 위해, 각 시간대에 맞고, 날씨에 적합하며 손님들 분위기에 따라 음악을 적절히 변경한다. 주로 편안한 재즈를 트는데 우리 정체성과 부합된다고 생각되기 때문이다. 때때로 내가 듣고 싶은 음악을 선곡하여 틀 때도 있다.

음악의 소리도 중요하다. 일부러 크게 트는 곳도 있다. 롼스에 있는 스피커와 음악 등에 대해 소개한다면?
음악 소리가 큰 것은 별로 거슬리지 않지만, 음악의 장르나 사용하는 악기에 따라 거슬리는 경우가 있다. 일렉트릭 기타에 과한 디스토션이나 오버드라이브가 들어가거나 시끄러운 음악은 선호하지 않는 편이다. 롼스의 빈티지 엠프의 경우, FISHER 250t, 스피커는 JBL L166 모델로, 엠프는 단단한 느낌의 사운드가 좋다. 음반은 대부분 따로 선곡해서 시간에 따라 틀고 있는데, 플레이리스트에 주로 많이 올라간 뮤지션들을 보면 Keith Jarrett, Miles Davis, Carla Bley, Pat Metheny, Charlie Haden, Christian McBride, Brad Mehldau, E.S.T., Jan Lundgren, John Scofield, Stan Getz, Jim Hall, Bill Evans, Chet Baker, Diana Krall, Hilary Kole, A.C. Jobim 등이 있고, 한국 아티스트로는 조윤성, 남경윤의 곡들이 저장돼 있다.

Writer's Comments

롼스는 얼핏 음악감상실의 구조를 갖고 있다. 직접 물어보진 않았지만 벤치의 구조와 음악의 울림이 이를 방증해준다. 어쩌면 음악에 몰입하는 나의 개인적인 취향이 들어가서 그렇게 보일 수도 있는데, 작게마나 롼스의 뮤직 이벤트는 좋은 컨텐츠가 되지 않을까 생각해본다.

음악은 내가 좋은 카페를 선택하는 중요한 기준이다. 아이러니한 점은 음악이 마음에 들지 않으면 커피도 별로 맛이 없었다는 것이다. 이상하기도 하고 다행이기도 하다. 어쩌면 좋은 커피에 심취한 바리스타 혹은 오너들은 뭔가 문화적인 성향이나 음악적인 취향도 비슷해서 그런 것일까? 서양에서 가져온 커피컬처를 정석대로 따르려는 의지의 전문가들이 커피만큼 훌륭한 음악에 열린 마음을 갖고 있어서 일수도 있다. 어찌됐건 롼스의 음악은 재즈에 열렬하지 않은 내게도 평온하고 온화하다.

Info
- 서울 송파구 백제고분로43길 8 • 02-6402-5704
- 12:00~22:00 • 월요일 휴무
- INSTA @5_lawns_7_04

메이드 바이
바리스타

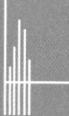

made by
Barista

SUMMIT CULTURE

써밋 컬처

11

써밋은 펠트의 송대웅 바리스타가 소개해준 곳이다. 얼마 전 신촌에 오픈한 카페를 아는데 바리스타의 실력이 뛰어나고 로스팅도 하는 곳이라며 연락처와 이름을 대뜸 알려주었다. 그가 추천을 해준 곳이 궁금하여 바로 검색을 해보니 언젠가 인스타그램에서 눈여겨보던 카페여서 더욱 반가웠다. 오픈 하는 카페들을 귀신같이 알아내는 '신상 카페' 마니아들이 많이 칭찬하던 써밋컬처. 언젠가 한 번은 가보리라 마음먹었던 곳이었는데 이렇게 연결될 줄은 꿈에도 몰랐다.

써밋 컬처

신종철 바리스타

애티튜드가 좋은 바리스타
음악이 유난히 좋은 시간
문득문득 시선이 머무는 지점

Barista

　　　　　신종철 바리스타는 뮤지션을 꿈꾸던 학생이었다. 기타를 배웠고 대학에서 재즈와 기악을 전공했으며 졸업 후에도 음악 학원에서 강사로 재직하며 아이들을 가르쳤다. 자신의 열정과 꿈을 향해 오랫동안 음악 안에 머물렀지만 점점 미래가 불안해졌고 행복하지 않았단다. 현실적으로 음악에 안주할 수 있는 여건도 아니었고 무엇보다 프로페셔널 뮤지션으로서의 불만족스러움이 엄습했다고.

　　어느 때보다 냉정한 판단을 내려야 할 무렵, 그는 제주도로 홀연히 여행을 떠났다. 누구나 그렇듯 내적인 갈등이 일렁이면 마음의 정리와 기분전환이 필요한 법. 신종철 바리스타 역시 차분히 마음을 정리하고 싶었다. 제주도에 도착해서는 아침부터 저녁까지 말 그대로 하루 종일 걷기만 했다. 이제껏 하나만 바라보고 살았는데 막상 그것을 버리고 다른 것을 바라보려 하니, 그것이 얼마나 어려운 일인지를 새삼 깨달았다. 다행히 그가 찾은 건 인생의 구원과도 같은 커피. 믹스 커피와 자판기 커피의 단맛을 좋아했던 그는 알고 지내던 선배가 종종 내려주던 드립커피가 문득 떠올랐다. 왠지 커피를 하면 남들 눈치 안 보고 번잡한 계산 없이 내적인 평온을 찾을 수 있을 것만 같았다. 방황의 끝에서 해답을 얻으니 막막함은 있었으나 희망이 보였다. 뜻밖의 타이밍이었다. 그는 서울로 돌아와 무작정 카페들에 이력서를 돌리기 시작했다. 카페 파트타이머로도 일해본 적 없는 그에게 채용의 길은 쉽지 않았다. 묵묵부답으로 한두 달이 지나자 다행히 한 군데에서 연락이 왔다. 마침내 커피에 본격적으로 뛰어들게 된 신종철 바리스타는 이후 피어 커피 로스터스와 커피 템플에서 경험을 더 쌓았다. 특히 커피 템플은 커피업계에서 인정받는 김사홍 바리스타의 커피 컴퍼니이며 활발한 커뮤니티 활동으로도 유명한 곳이다. 이곳에서 정말 많은 것을 배웠고 커피보다 더 소중한 것들을 알게 되었으며, 오너 바리스타로서의 소명 의식을 가질 수 있었다고 설명했다. 마침내 바리스타라면 누구나 갈망하는 자신만의 카페를 오픈한 신종철 바리스타. 한편, 매번 같은 과정을 반복하며 자칫 매너리즘에 빠질 수 있는 자신을 일으켜 세운 그만의 철학은 무엇이었을까?

"개인적으로 장인정신을 동경하고 앞으로 이런 마음가짐으로 일하고 싶습니다. 이 단어에는 사실 많은 것들이 내포돼 있죠. 기술과 이론적인 박식함에 이어 호스피탈리티까지 아우르니까요. 다른 일도 마찬가지겠지만 커피를 만드는 직업은 자칫 잘못하면 본질보다 다른 것으로 빠지기 십상이에요. 따라서 제 스스로는 장인정신을 추구하면서 조금 더 섬세하게 일을 하기 위해 노력합니다. 그래야만 매너리즘에 빠지지 않고 오래도록 일할 수 있다고 생각합니다."

음악에서 커피로 전향한 그에게 이제 커피를 빼놓고는 진지한 삶을 이야기할 수 없게 되었다. 제주도에서 만난 인생의 방향 전환은 후회 없는 결정이었다고 자신 있게 말하는 신종철 바리스타. 지금 현재 정상$_{summit}$은 아니어도, 정상을 향해 달려가는 정복자의 마음이 가슴 뛰고 열정적인 것처럼, 그 역시 곧 카페 이름과 같은 써밋에 도달할 것이라 기대해본다.

Coffee

　　　　　　　　주문이 들어오면 신종철 바리스타의 손길은 빨라질 수밖에 없다. 주문과 제조를 혼자 도맡아 하기 때문이다. 작은 공간이라 가능한 이야기지만 주말처럼 바쁜 날엔 도움의 손길을 받고 있다. 여하간 메뉴에 대한 손님들의 질문에 친절히 대답하는 것과 그라인더에서 커피콩을 넣고 가는 순간부터 시작되는 정확함은 써밋컬처의 아이덴티티. 짧지 않은 경력이 있지만 자신의 눈짐작을 절대로 믿지 않는다는 그는 계량이 필요한 순간마다 디지털 저울에 소수점 하나까지 정확히 매뉴얼대로 커피를 만든다. 일관된 맛을 중요하게 여기므로 원두마다 다른 측정값이 있으며, 한 치의 오차 없이 신중하게 이뤄진다. 덕분에 써밋컬처는 언제 가도 변함없이 맛있는 커피로 평이 매우 좋다. 꼼꼼하게 준비되고 만들어지므로 커피가 맛이 없는 것이 이상할 정도. 이곳은 무엇보다 서비스마인드가 철저한 오너바리스타로부터 나오는 절도 있는 동작이 마음에 든다. 고산高山의 정상, 파라마운트에서 영감을 받은 파라마운트 메뉴는 특별히 써밋컬처의 시그니처라 부를 만한데, 위에서 흘러내리는 에스프레소와 크림을 영상이나 클로즈업으로 찍으면 장관이다. 맛도 기막히게 부드럽고 차가우며 싱그럽다. 철저함과 개연성은 전문적이라 말하기를 꺼려하는 디저트 파트에도 적용된다. 할 수 있는 부분에 대해서는 최선을 다하는 그의 성실함은 종종 마이크로 로스터리 카페보다는 디저트 카페로도 오인하게 만든다.

Café

　　　　　　카페에서 인테리어는 이제 너무 중요한 요소가 되었다. 물론 인테리어만 주목받는 카페는 오래 갈 수 없을 테지만, 커피로 유명한 카페들을 보면 인테리어가 예사롭지 않다. 써밋의 인테리어 역시 한 번 보면 잊을 수 없는 간결한 아름다움을 갖고 있다. 신종철 바리스타는 예산에 맞는 곳을 물색하던 중 이곳을 최종적으로 골랐다. 층고가 높아 답답하지 않았고, 신축 건물의 장점들을 거부하기 힘들었으며 역과도 가까우니 초역세권에도 들었다. 남은 건 인테리어 디자인. 자신이 원하는 컨셉으로 채우고 싶었을 때 도움을 준 사람은 다름 아닌 조남인 디자이너였다. 한때 커피를 같이 다룬 동료였던 그는 신종철 바리스타와 친분이 있는 사이라고. 본업이 있는 상태였지만 특별히 써밋컬처를 위한 작업을 따로 진행했다. 그래서인지는 모르겠지만, 써밋컬처는 신종철 바리스타가 원하는 것들과 전문가의 조언을 수용한 절제의 미학과 구조적인 명민함이 돋보인다. 색감과 동선, 테이블의 위치와 모양, 나무와 돌, 수납의 위치 등이 이를 대변해준다. 전반적으로 밝은 우드톤과 화이트는 은은한 조명 아래에서 더 자연스럽게 빛난다. 이렇게 써밋은 낮과 밤, 모두 색다른 매력을 발산한다.

Behind Story

#1

미세먼지 가득했던 금요일 저녁 8시. 인터뷰가 잡힌 시간이 애매했지만 금요일 이 시각엔 손님들이 별로 없다며 허락한 시간이었다. 그런데 그렇지가 않았다. 카페에는 사람들로 가득했고 일찍 도착한 포토그래퍼는 밖에서 기다리고 있었다. 어찌할까 대기하던 중 신종철 바리스타가 정중히 손님들에게 양해를 구하고는 문 앞에 취재로 인해 출입이 불가능하다는 안내문을 붙였다. 덕분에 카페는 오롯이 우리들의 공간이 되어 촬영과 인터뷰를 진행할 수 있었다. 손님들에게는 미안한 일이었지만 약속을 잡은 일정에 대해 그가 할 수 있는 최선의 배려였다.

#2

써밋의 음악은 오롯이 신종철 바리스타의 손으로 선곡된다. 내가 좋아하는 음악을 남들도 좋아해 주길 바라는 마음을 담아 커피만큼 정성스레 음반을 뒤적이는 신종철 바리스타. 장르를 불문하나 요즘은 재즈를 많이 듣는다고 했다. 기타리스트였던 만큼 락과 연주 음악도 정말 좋아하지만 분위기를 감안해야 하기에 카페 공기의 흐름에 따라 음악은 달라진다. '여기, 음악 참 괜찮네.'라는 말이 나올 만하다.

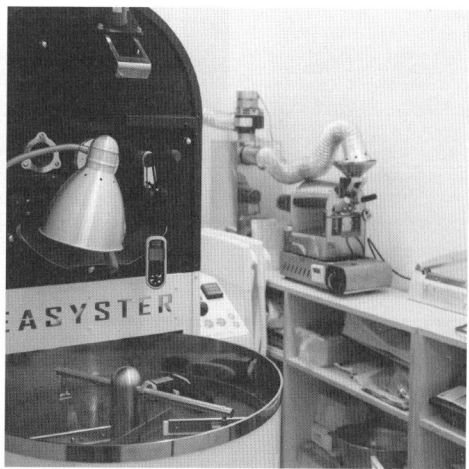

#3

전문적인 베이킹 수업을 듣지 않았지만 써밋에서 제공되는 모든 디저트는 그가 직접 만든 것들이다. 다행히 신종철 바리스타는 손으로 만드는 걸 몹시 좋아한다. 그래도 복잡한 공정이 들어가는 건 검증된 기성 제품을 쓰고 있다. 남이 훨씬 잘하는 데다 시간도 없으니, 데커레이션과 필링 정도만 고민하면 끝. 친구의 도움을 받아 메뉴를 정하기도 하고 스스로 아이디어를 내거나 영감을 받아 실천에 옮긴다. 그렇게 선보인 써밋 빅토리아 케이크와 시즈널 타르트, 레드 가나쉬 타르트의 인기는 예상을 넘었다. 커피 대신 디저트 먹으러 온 손님들이 꽤 많은 것. 카페 주인으로서 오픈 초기에는 기분이 썩 좋지만은 않았단다. 커피의 보조일 뿐인데 주인공보다 조연이 더 사랑받는 격이라니. 연기를 못해서가 아니라 아직 빛을 보지 못한 주인공은 씁쓸했다. 하지만 언젠가는 알아주리란 믿음이 있기에 써밋은 오늘도 열려 있다.

웻 카푸치노
WET CAPPUCCINO

Barista's Recipes

재료   원두 18.8~19g / 우유 적정량

1   정량의 원두로 에스프레소를 약 25g으로 짧게 추출한다.
2   150ml의 잔에 커피 추출액을 넣는다.
3   우유와 커피의 비율을 4:1 정도로 맞추고 스티밍하여 붓는다.

파라마운트
PARAMOUNT

Barista's Recipes

재료 콜드브루 원액 70g* / 파라마운트 크림 적당량** / 물 150g / 시럽 약간 / 코코아파우더 적당량 /

*
콜드브루 원액
써밋 블랜드를 그라인딩 하여 커피와 찬물을 1:5의 비율로 12시간 침지한다.

**
파라마운트 크림
휘핑크림과 연유, 설탕 코코넛크림을 섞어 휘퍼로 휘핑해 준비한다.

1. 유리잔에 콜드브루 원액을 넣고 물을 붓는다.
2. 희석한 커피에 시럽을 조금 넣는다.
3. 파라마운트 크림을 올린다.
4. 가니시로 코코아파우더를 뿌리면 완성.

The Question

Design

카페에서 인테리어 디자인이 차지하는 비중이 굉장히 높다. 이에 대해 어떻게 생각하는지?
블루보틀 오사카점을 비롯해 덴마크의 커피콜렉티브, 미국 카운터컬쳐의 커피트레이닝센터 등을 보면 너무나 매력적이다. 사람들은 이곳에 단순히 커피만 마시러 가지 않는다. 카페에서 공간이 주는 강렬함도 커피 못지않게 중요하다고 생각하므로, 공간이 충분히 매력적이라면 그 또한 카페를 찾아가는 이유가 된다. 한편으로는 맛과 공간, 플레이팅 등은 카페를 찾는 하나의 요소일 뿐이지 반드시 이 모든 것들이 완벽할 필요는 없을 것 같다. 상대적으로, 종종 인테리어만을 강조하는 카페를 보면 조금 아쉽다.

써밋의 인테리어는 어떤 컨셉인지?
공간을 기획하고 진행해준 조남인 디자이너는 처음 간결하고 깔끔한 느낌의 밝은 이미지를 제시했다. 그가 나를 떠올릴 때 말할 수 있는 인상이라고 설명했고, 그렇게 그가 공간을 완성한 뒤 전체를 보니, 실제로 나와 많이 닮아있는 것 같아 기뻤다. 더불어, 카페의 오브제도, 담아내는 식기들도 전부 아주 간결한 것들로 주문했다. 개인적으로 목재를 매우 좋아해 직접 만들기도 하는데, 커피잔과 나가는 소서는 직접 내가 만든 것이기도 하다. 이외, 공간을 지탱하는 거의 대부분의 것들이 자작나무로 이루어져 있으며, 커피를 추출하고 제조하는 카운터는 내게 적합한 높이와 구조로 되어있어 몸에 딱 맞는 옷을 입은 기분이 든다.

요즘 카페들은 왠지 비슷해 보인다. 이에 대한 의견은 어떠한가?
카페들이 비슷한 이미지를 갖고 있다는 건 그만큼 한국 카페 시장의 과도기라서 그런 게 아닐까? 없던 것에서 각자만의 개성을 가지려면 서로 동일한 옷을 입어봐야 알 수 있고 그게 자신과 어울리는지는 그 이후의 문제이기 때문이다. 요즘, 아주 많은 것들이 선보여지고 있고, 또 다른 새로운 무언가가 나오기에는 조금 시간이 필요해 보인다. 카페 인테리어를 내세우는 특정 업체가 다작을 해서 그렇다기 보다는 시기적으로 확산되는 시기이다 보니 빚어지는 현상이라고 나름 조심스럽게 바라보는 중이다.

Writer's Comments

넓은 공간에 물건을 넣기는 쉬울지 몰라도 좁은 공간을 개성 넘치게 꾸미는 일은 어려울 수밖에 없다. 역시 그를 잘 아는 친구가 디자인해준 공간은 단순히 디자인이란 분야를 넘어 마치 오랜 손님을 위해 테일러가 옷을 재단해준 느낌이 들었다. 공간은 사람을 닮았다는 점에서, 분명 써밋은 다른 카페와 달라 보였다.

자신을 미니멀리즘을 추구하는 맥시멀리스트라고 소개한 신종철 바리스타는 덜어냄을 강조했다. 대신 소품들에게는 각기 다른 의미를 부여했다. 바짝 마른 나무조차 주어온 것이 아니라 카페의 이미지를 보여주는 오브제였으며 돌덩이조차 자연스러움을 나타내는 상징물이었다.

인테리어가 훌륭하다는 건 어쩌면 비싼 돈을 주고 받은 결과물이라기보다 그 공간의 주인공과 닮아 있어야 하지 않을까 하는 생각이 문득 들었다. 카페와 소품이 따로 놀거나 공간에 비해 커피나 주인의 애티튜드가 낮은 퀄리티라면, 과연 그 카페는 좋은 카페라고 할 수 있을까에 초점을 맞춰 인테리어를 감상해도 좋을 듯싶다.

Info
- 서울 마포구 신촌로14안길 11 엘루체 102호
- 070-7762-1009
- 11:00~20:00(평일) • 12:00~21:00(주말) • 수요일 휴무
- INSTA @summit.culture

"

메이드 바이
바리스타

made by
Barista

Monsieur BUBU

무슈부부

12

무슈부부

권오현 바리스타

벌써 5년도 넘은 이야기. 나의 첫 책이자 인터뷰 문집이었던 『2+1 딜리셔스 라이프』를 위해 정신없이 리서치를 하던 무렵, 망원동에 멋진 카페가 있다는 소문을 들었다. 바로 카페부부. 카페부부의 권오현, 박선영 부부는 다행히 마음씨 좋은 집주인을 만났다며, 이곳에서 가능한 오래도록 카페를 운영하는 것이 바람이라고 전했다. 어느덧 시간은 흘렀고, 카페부부는 여전히 건재하다. 최근 카페부부의 대표이자 남편인 권오현 바리스타는 오래전부터 꿈꾸던 계획을 하나 실천에 옮겼다. 바로 무슈부부 커피스탠드. 어디에 가나 빠지지 않는 부부는 브랜드네임으로 콕 붙이고 그 앞에 남자, 남성을 의미하는 불어 무슈Monsieur를 넣었다. 빠르고 간편하게 즐겨 마실 수 있는 에스프레소를 컨셉을 가진 커피스탠드가 탄생했다.

**센스와 아이디어로 세상 어디에도 없는 남편 카페
아빠의 마음을 담은 공간
밤 11시에 찾아가면 더 좋은 커피 바**

Barista

커피를 좋아했다기보다 커피가 필요했다는 권오현 바리스타. 프리랜서 그래픽 디자이너이자 편집 디자이너로 일하던 그는 직업의 특성상 언제나 신선하고 색다른 영감을 갈망했고 분위기 좋은 공간을 찾아다녔다. 소위 예술과 문화를 좋아했는데, 밤샘 작업이 수두룩해 커피가 손에서 떠날 날이 없었다고. 또 클라이언트들이 스튜디오로 찾아오면 그들에게 맛있는 커피를 내주고 싶은 마음도 컸다. 마침 한남동, 청담동, 이태원, 신사동에 있던 일터 주변에는 훌륭한 카페들이 즐비했었다. 마치 운명처럼 상수동에서 일을 하던 시절, 불과 1분 거리에 카페 앤트러사이트가 있었다. 자연스럽게 스페셜티 커피에 눈을 떴고 나름 커피를 좀 안다고 생각하던 와중에 앤트러사이트와의 교류는 미래를 결정하는 결정적인 동기가 되었다. 여기엔, 결혼이란 인생의 중대사도 포함된다. 평생 할 수 있고, 하고 싶은 일을 고민하게 된 것. 부부에겐 커피와 카페라는 두 단어가 떠올랐다. 틈틈이 커피를 배운 권오현 바리스타는 자신만의 방법으로 커피를 더욱 깊숙이 탐구했다.

"정식으로 커피를 공부하기보다는 개인적인 경험과 자유로운 체험, 실험을 하고 있어요. 앞으로도 그럴 겁니다. 디자이너라는 직업이 제게 창의력과 새로움에 대한 탐구, 도전정신을 길러주었기 때문이죠. 무엇보다 격식이나 어떤 정석보다는 다른 방향에서 바라볼 수 있는 능력이 이유인 것 같습니다. 근본적으로 커피라는 음료는 정답 없는 소재이고 그래서 다양한 시도가 필요하기에 결과에 대한 두려움이 전혀 없어요. 오히려 그런 노력 속에서 만들어지는 커피에 대한 기대감이 높습니다."

무슈부부에서는 그의 손맛이 오롯이 들어간 커피와 주류를 마실 수 있다. 콜롬비아 커피만큼 구수한 입담과 과테말라 같은 시트러스 향기 가득한 미소는 오는 손님마다 단골로 만든다. 한편 바람과 공기, 온도, 구름, 기분, 호르몬, 날씨 등 환경에 좌우되는 커피의 맛을 일정하게 유지하기란 굉장히 어려운 일이다. 이에 권오현 바리스타는 매일 똑같은 커피보다 매일 최상의 커피를 위해 최선을 다하고 싶다고 한다. 굳이 스페셜티 커피를 강조하지 않아도 처음부터 끝까지 행복을 전해주는 커피라면 충분하다는 인식. 또 하나, 에스프레소 커피는 쓰기만 하다라는 통념을 전환하고 싶은 무슈의 커피는 그래서 일상적인, '데일리 커피'이다. 특히 무슈에서는 재료만 있다면 무엇이든 만들어주는 오마카세 서비스가 있으니 혹시라도 마시고 싶은 메뉴가 있다면 밑져야 본전이니 한 번 물어보자.

Coffee

에스프레소의 저변 확대를 위해 물심양면으로 힘을 보태려는 무슈부부이기에 에스프레소 베이스로 제조하는 아메리카노와 플랫화이트가 시그니처일 것이라고 생각한다면 오판이다. 이곳은 무수한 커피 배리에이션이 갖춰져 있어 선택의 폭이 다양할 뿐 아니라 밤에는 특유의 분위기가 살아 있는 살롱으로 변하기도 한다. 바 테이블에 앉아 바리스타와 이런 저런 이야기를 나누며 특제 주류를 마실 수도 있다. 권오현 바리스타는 자신이 표현하고 싶은 커피 말고도 상대방, 즉 손님과의 공감대를 중요하게 여긴다. 그 과정에는 음악과 공간이 주는 이미지, 맛과 향이 긍정적으로 작용한다. 그것은 그의 커피 철학이기도 하다. "저는 우리나라에 너무나 좋은 실력을 가진 로스터리들이 많이 있다고 생각해요. 직접 로스팅을 하기보다는 좋은 로스터리들과의 만남을 통해 함께 성장할 수 있다는 생각을 가지고 있습니다. 그러한 생각에서 3년 전부터 '왕창상회커피로스터리'와 협업하고 있고요. 무슈부부에서는 요즘 유행과는 조금 떨어진 강배전 블랜드 커피를 사용하고 있습니다. 강배전 커피는 쓰다는 일반적인 인식을 깨고 산미와 쌉싸름함, 단맛, 훌륭한 발란스를 가진 커피임을 맛보이기 위해 노력하고 있습니다."

　　　　　　　　　　　카페부부를 가본 사람들이 이구동성으로 하는 말이 있다. 너무 좋다, 예쁘다, 근사하다, 크고 넓다, 환하다 같은 칭찬이다. 탁 트인 앞마당과 내부의 인테리어를 보면 누구나 감탄사를 내뱉는다. 무슈부부에 가면 카페부부와는 전혀 다른 의미의 환호성이 터진다. 비좁은 공간을 이토록 멋지게 꾸몄다는 것에 놀라고, 저 테이블은 어디서 구했는지, 장식장은 어디서 샀는지, 바닥은 어떻게 공사했는지 등의 질문들이 연이어 들린다. 모든 것이 달라도 공통된 하나는 대부분이 권오현 바리스타의 머리와 손에서 나온 산물이자 땀 흘리며 이뤄낸 핸드메이드 작품이란 사실이다. 이렇게 정성스럽게 다듬고 준비해 2014년에는 카페부부를 열었고, 2018년 무슈부부로 부부의 두 번째 문을 열었다.

　　밖에서 보면 무슈부부는 일본 어느 동네의 소박한 커피스탠드의 전형처럼 보인다. 최대한 돈 들이지 않고 가내수공업으로 작업했기에 어느 곳 하나 정감이 가지 않는 곳이 없으며 사연 없는 커피 잔도 없는 것만 같다. 실제로 권오현 바리스타에게 오브제들을 어떻게 구했는지 물어보면 하나같이 흥미로운 이야기가 담겨 있다. 듣고 있노라면 커피만 잘 만드는 게 아니라 재주가 보통이 아님을 느낀다. 그리고 이곳은 말하지 않아도 주인장의 취향을 명확히 느낄 수 있는 곳이다.

Behind Story

#1

카페에 있는 장난감들을 보면 권오현 바리스타의 아이들이 모두 남자임을 알 수 있다. 6년 전 부부를 인터뷰했을 땐 아이 한 명이었는데, 그새 둘째 아들이 생겨 이제는 네 명의 단란한 가족이 되었다. 인스타그램에 올라오는 아이들을 보면 참으로 행복한 가족임이 느껴진다. 형은 동생을 아우르고 남편은 아내와 아이들을 보듬는 모습이 너무나 사랑스럽다. 이처럼 귀엽고 똘망똘망한 두 아들을 둔 그에게는 앞날에 대한 빅 픽처가 있다. 카페부부로 출발해 남편의 카페, 아내의 상점, 그리고 아이들과 함께 재미있는 시간을 보낼 수 있는 공간을 차례차례 선보이는 것이다. 작년 가을, 그 첫 프로젝트인 남편의 아지트가 공개되면서 느리지만 조금씩 이상과 꿈의 경계에 다가서고 있다.

#2

아내와 함께 아이들을 키우는 권오현 바리스타. 그는 아이들을 유치원에서 무사히 데려오는 임무를 수행하고 있다. 따라서 자리를 비우게 되는데 그 시간에 손님이 전화를 걸면 10분 내로 달려온다. 또한 밤 11시에 와서 12시 넘어 떠나도 좋다고 할 만큼 배려와 친절함이 몸에 배어 있다.

#3

카페를 열고서도 지인들에게조차 거의 그 소식을 알리지 않았다. '골목의 아지트'로 아는 사람만 오는 카페로 정립되길 원해서였다. 그렇지만, SNS를 중심으로 입소문이 나기 시작했다. 머지않아 무슈부부에 밤낮으로 사람들이 몰려들지 않을까?

아이리시 커피

IRISH COFEEE

Barista's Recipes

재료   필터 커피 120ml / 아이리시 위스키 40ml / 설탕 10g / 생크림 50ml

1. 따뜻한 필터 커피(드립, 사이폰, 에어로프레소 등)를 준비한다.
2. 아이리시 위스키에 설탕을 넣고 녹인다.
3. 위스키의 알코올을 많이 날려주려면 위스키에 불을 붙인다.
4. 따뜻한 필터 커피에 가열된 위스키를 넣고 생크림 30% 정도를 휘핑하여 올려준다.

진저밀크
GINGER MILK

Barista's Recipes

재료   직접 제작한 진저 소스 20ml / 스팀 밀크 170ml / 소금 조금

1. 탄탄한 우유거품이 되도록 우유를 스팀 한다.
2. 진저 소스 20ml 정도를 넣은 잔에 스팀 밀크를 넣고 녹인다.
3. 낙차를 많이 준 상태에서 남은 스팀 밀크를 부어 우유가 깔끔하게 밀크 폼을 뚫고 들어가도록 붓는다.
4. 우유거품이 올라온 립라인 주변으로 잔에 소금을 조금 떨어트려 준다.

The Question

Espresso Machine

좋은 커피의 기준을 고가의 에스프레소 머신으로 생각하는 사람들에게 하고 싶은 말은?
분명히 기능적으로나 신기술 등이 적용되어 성능에 차이를 보이는 제품들이 많지만, 사용하는 사람에 따라 차이를 갖는 것이 도구의 정의이다. 고가의 머신이 기능적으로 향상된 것임은 분명하지만 추출의 절대적인 기준은 아니다. 따라서, 좋은 커피는 오히려 그 밖의 요소, 즉 바리스타와 머신의 상태, 다른 도구들과의 합이 맞아야 나오는 결과이다. 다만, 인테리어적인 요소로서 스타일리시하고 멋진 에스프레소 머신을 구매하는 카페도 있는 것 같다.

무슈가 머신을 고르는 기준은 무엇인가?
개인적으로는 심플하고 합리적인 머신을 좋아한다. 무슈부부의 머신은 나름 만족스럽고, 현재 사용하는 블랜드의 특징을 제대로 표현하고자 늘 고민한다. 앞으로는 로스팅 스타일과 맛에 중점을 두고 그 부분에 따라 장비를 선택할 것이다.

Writer's Comments

에스프레소 바를 지향하는 무슈부부에게 에스프레소 머신에 대한 질문을 하고 싶었다. 고가의 장비를 사용하지 않아도 에스프레소의 향과 맛이 빼어난 몇 안 되는 카페들 중 하나이기 때문이다. 적어도 내 기준에 이곳의 에스프레소는 아침 출근길을 여유 있게 잡고 5분 정도 들렀다가 후루룩 마시면 멀쩡하게 하루를 시작하게 해주는 에너지이저.

커피 머신이 멋있으면 솔직히, 카페가 멋있어 보이긴 한다. 그러나 오랜 경험에서 할 수 있는 말은, 커피는 바리스타와 원두가 중요하다는 것. 라떼를 좋아한다면 우유까지 따져봐야 할 것이다. 커피를 잘 만든다는 건 머신을 잘 안다는 의미이고, 기능의 부족함은 자신의 능력으로 해결할 줄 안다는 말이니, 훌륭한 바리스타의 카페를 수소문해서 찾아가는 것이 현명하다.

Info
- 마포구 양화로3길 77-10 1층
- 070-4257-8080 • 12:00~24:00
- 연중무휴지만 가끔 아이들 하원을 위해 자리를 비움
- iNSTA @cafebubu.monsieurbubu

Epilogue

_____

2018년 12월.

『메이드 바이 베이커』가 출간되고 얼마가 지났을까. 시리즈의 다음 권으로 커피를 만드는 바리스타들의 삶과 커피에 대한 마인드, 그리고 카페의 대표 레시피를 소개하면 어떻겠냐는 제안을 받았다. 빵과 디저트만큼 커피를 사랑하기에 그 제안을 단숨에 승낙하고 말았다. 매일 좋은 커피를 만들기 위해 어떤 생각을 하는지, 어떻게 카페에 이르게 되었는지, 또 커피에 대한 열정이 남다른 이들의 비하인드 스토리를 알 수 있는 합리적이고 인간적인 기회였기 때문이었다. 가끔 가도 아는 척해주고 미리 인사를 해주는 바리스타를 만날 때마다 작은 감동이 밀려오곤 했는데, 좋아하는 커피와 더불어 커피에 대한 그들의 시선이 궁금하기도 했다.

사실, 『메이드 바이 바리스타』의 리스트를 구상하던 초기, 소개하고 싶었던 바리스타들이 스무 명이 훨씬 넘었다. 아니 서른 명, 아니 오십 명? 아, 이렇게나 많은데. 타이밍이 잘 맞았던 바리스타와 인터뷰를 진행했다. 능력의 한계를 통감하며 겨우 만난 이들이었으나 드넓은 공간을 가득 채울 수 있을 만큼 풍성하고 재미있는 인생과 커피 이야기를 듣는 내내 어찌나 가슴이 벅차고 신기하던지. 게다가, 그들이 건네준 커피를 마시며 최고의 커피란 역시 멋진 카페에서 마시는 것이며 누군가의 이야기를 벗삼아 음미하는 커피가 아닌가 하는 생각이 문득 들기도 했다.

2019년 3월.

커피를 좋아하는 사람들의 일반적인 특징 중 하나는 개성이 강하다는 점이다. 평범하게 보이는 이가 커피를 내려주는 것 같지만 자세히 보면 화려했던 청춘의 기억과 가슴에 칼 하나쯤은 모두 품었던 사람들이다. 적어도 내가 만난 진중한 바리스타들은 그랬다. 음악을 했거나, 그림을 그렸고, 패션을 공부했으며 회사에 잘 다니다가 그만두었고 사업을 크게 했다가 진탕 말아먹기도 했다. 다양한 형태로 인생의 달고 쓴맛을 본 그들이 알면 알수록 사람처럼 그 속을 알 수 없다는 커피를 만났을 때의 화학반응이란. 어쩌면 커피의 온갖 풍미와 아로마를 스스로 내었을지도 모르겠단 상상도 해보았다. 그리고 이상하게도 그들은 모두 각기 다른 향과 맛을 가진 커피를 선보였고 조금씩 다른 의견과 철학을 알려주었다. 옷이 사람을 대변하듯 커피도 그들을 대변했으며, 인테리어와 음악, 조명과 화분 하나까지 바리스타처럼 느껴졌다.

대부분의 바리스타, 로스터인 오너들은 가장 행복한 순간과 위기의 순간을 지금이라고 대답했다. 모든 것을 잃을 수도 있고 반대로 지금까지 얻고 깨달은 것으로 미래를 설계하고 더 좋은 모습을 보여줄 수 있는 경험을 얻었기 때문에, 앞으로 어떤 일이 일어날지 기대되고 설레고, 어떻게 해야 할지를 조금은 알 것 같기 때문이라고. 카페공화국, 한집 건너 카페라는 인식도 있지만 여전히 겉과 속이 단단하고 건강한 카페는 따로 있음을 새삼 알려준 이번 인터뷰. 어려운 부탁을 기꺼이 들어주고 도와준 모두에게 어떻게 하면 충분히 감사하다고 고마움을 전할 수 있을지 모르겠다. 그냥 모쪼록 그들의 이야기가, 살아온 흔적이, 커피로의 여정이 누군가에게 도움이 되거나 즐거움이 되거나 혹은 감동이 되어 그들 같은 바리스타와 로스터, 그리고 카페를 더 많이 만날 수 있다면 가장 큰 보람이 아닌가 싶다. 설사 그렇지 않아도 이곳으로 커피 한 잔 당장 하러 가고 싶은 마음만 생겨도 나의 작은 목표는 일단 달성이다.

오 승 해

메이드 바이 바리스타

초판 1쇄 발행 | 2019년 6월 25일
초판 2쇄 발행 | 2021년 8월 25일

지은이 | 오승해
발행인 | 윤호권 · 박헌용
본부장 | 김경섭
책임편집 | 정인경

사진 촬영 | 이준섭
어시스트 | 유지인
표지 그림 | 전황일

발행처 | (주)시공사
출판등록 | 1989년 5월 10일(제3-248호)
주소 | 서울특별시 성동구 상원1길 22, 7층
전화 | 편집 (02)3487-2814 · 영업 (02)2046-2800
팩스 | 편집 (02)585-1755 · 영업 (02)588-0835
홈페이지 | www.sigongsa.com

ISBN 978-89-527-9676-9 13590

이 책의 내용을 무단 복제하는 것은 저작권법에 의해 금지되어 있습니다.
파본이나 잘못된 책은 구입한 곳에서 교환해드립니다.

미호는 아름답고 기분 좋은 책을 만드는 (주)시공사의 라이프스타일 브랜드입니다.